KB089029

(개정판)

병의원, 치과, 한의원 개원 상권 분석

병의원, 치과, 한의원 개원 상권 분석

박균우 지음

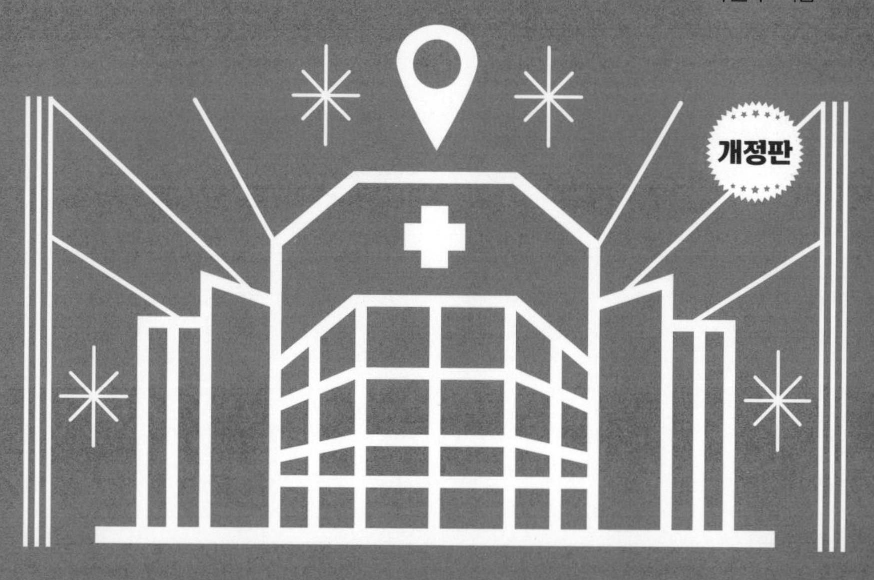

두드림미디어

《병의원, 치과, 한의원 개원 상권 분석》 집필을 시작하던 시기가 2020년 초, 코로나19가 세계를 휩쓸기 시작하던 때이다. 감염 때문에 병의원들은 내원 환자 감소로 어려움을 겪었고 개원을 준비하던 예비 원장님들도 무기한 연기할 수밖에 없었다.

2022년 이후 점차 팬데믹 상황에서 벗어나면서 일상을 회복했지만, 의료계는 새로운 어려움에 직면했다. 필수 의료인력 부족, 수도권 의료 집중, 의료 수가 문제를 포함한 의료 개혁에 대해서 정부와 입장차를 보이면서 대립이 시작되었다.

특히 지방 의료 인력 및 필수 의료인력 확충을 위한 의대 정원 확대 문제는 결론이 나지 않은 상태로 의료 현장에서 정부와 각 이해 당사자 간 입장 차이가 여전하고, 개원가에서도 향후 영향을 미칠 수밖에 없기 때문에 초미의 관심사로 떠오르고 있다.

이런 상황에서 개원을 준비하는 예비 원장님들은 개원에 필요한 상권, 입지분석에 필요한 정보가 제한적이어서 여전히 동문 선후배, 의료 재료상, 제약 영업사원, 메디컬 전문 부동산 업자들이 제공하는 정보에 의존하고 있는 실상이다. 하지만 앞으로 제한된 상권, 입지를 두고 더욱 치열하게 경쟁할 수밖에 없기때문에 예비 원장님들을 위한 더욱 상세한 상권, 입지 정보가 필요하게 되었다.

필자는 25년 동안 현장 상권 분석 전문가로 활동하면서 전국의 지역은행 본점과 지점 출점 컨설팅, 창업자, 상가 투자자 및 상업용 건물 MD 컨설팅을 수행하고 있다.

10여 년 전부터는 이렇게 쌓아온 현장 상권, 입지 컨설팅의 경험을 토대로 개원의들을 위해 상권, 입지 컨설팅을 수행하면서 좋은 결과를 얻고 있다. 이번에는 이런 경험을 바탕으로 예비 원장님들을 위한 상권, 입지 분석에 대한 정보 부재 해소에 도움을 드리기 위해 체계적인 상권, 입지 분석 지침서를 쓰게 되었다.

이 책은 필자의 오랜 현장 경험과 행정자료, 국가통계자료, 카카오(다음), 네이버, 구글 지도 정보와 소상공인 상권정보시스템의 자료들을 참고해서 집필했다. 개원을 염두에 둔 예비 원장님들뿐만 아니라 제약회사, 상가 시행·분양사의 MD 구성 기획, 부동산 중개업소에서 종사하시는 분들에게 도움이 될 수 있는 책이라고 자부한다.

마지막으로 1쇄 발간 이후 이 책을 구독하시고 추천해주신 예비 원장님들뿐만 아니라 의료 현장에 계신 모든 분들에게 감사드린다.

박균우

차 례

2장 병의원 상권 구조 이해

3장 배후 인구와 주거 형태 분석

상권정보시스템 활용

경쟁 병의원 및 선택 입지 조사

6장 병의원 상권의 업종과 MD 구성

7장 시설 규제와 인허가

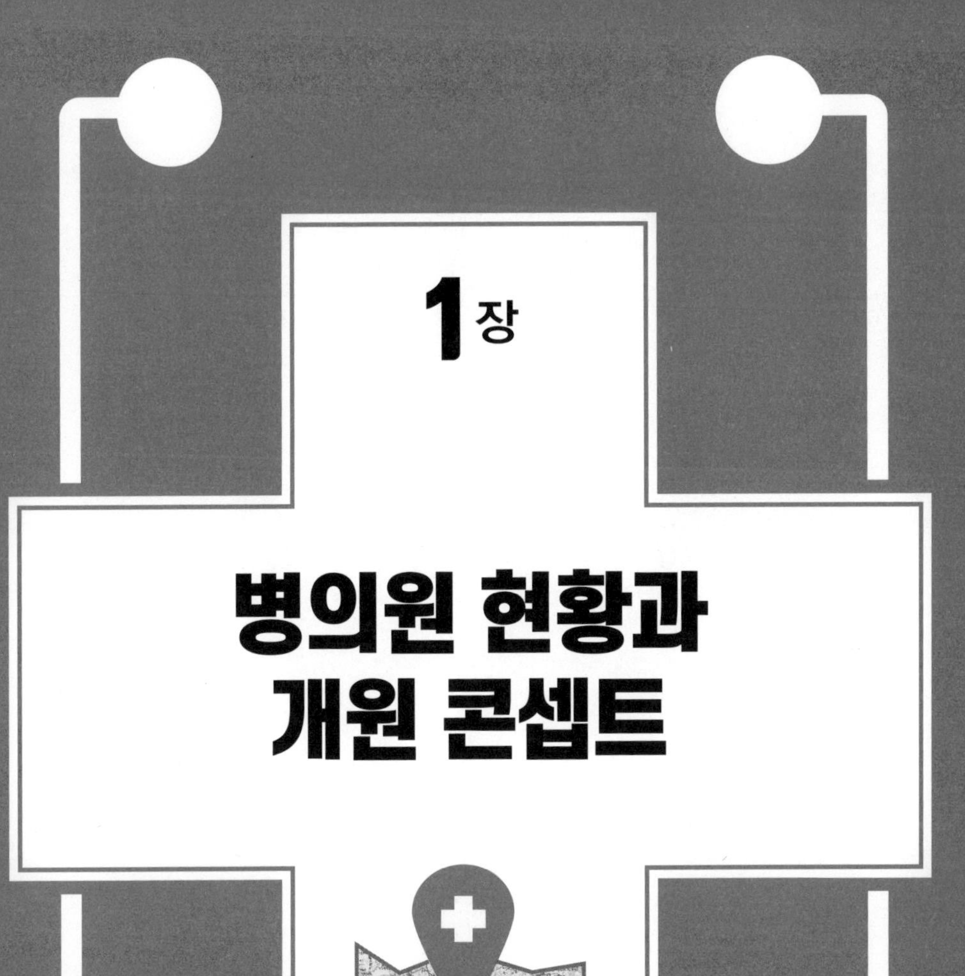

1장

병의원 현황과 개원 콘셉트

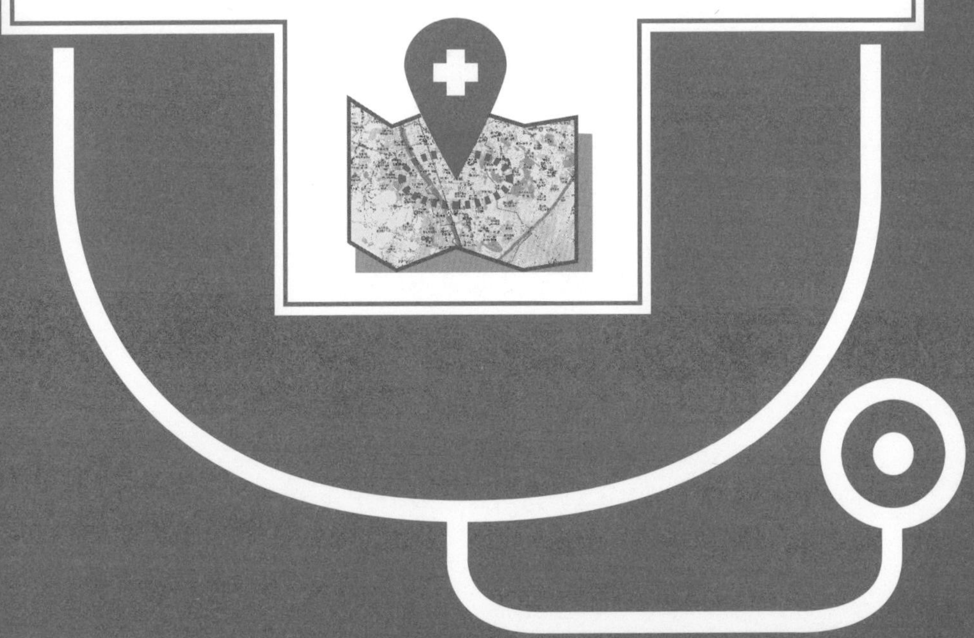

의료기관 구분과 상권 분석 개요

개원을 준비하는 많은 의사가 병의원, 치과, 한의원 개원에 적합한 상권을 찾기 위해서 상권분석 방법에 관한 자료나 책, 논문, 강의를 찾는다. 그러나 국내 자영업 관련 상권 분석 방법에 대한 자료는 많지만, 의료기관 개원과 관련된 상권 분석 자료를 찾기는 어렵다.

일부 기관에서 병의원 개원에 대한 상권과 매출 분석에 대한 데이터가 있지만, 많은 오차가 있으며, 같은 과목이라 하더라도 상권과 운영컨셉에 따라서 매출 차이가 크기 때문에 직접적으로 이용하기에는 한계가 있다. 이렇다 보니 자영업 창업에서 사용하는 상권정보데이터를 사용할 경우, 행정 통계자료를 참고하는 데 그치고 있다. 필자는 이 점을 안타깝게 생각해 25년 현장 상권 분석 경험을 살려 개원을 준비하는 분들의 상권 분석 지침서가 되었으면 하는 바람으로 이 책을 집필하게 되었다.

먼저, 개원 시 상권 분석이 필요한 의료기관을 분류하기 위해 국내 의료기관은 어떻게 구분하고 있는지 살펴보았다. 국내 의료기관은 보건복지부에서 발행하는 '의료기관 개설 및 의료법인 설립 운영 편람'에 따라 의료기관을 구분·정의하고 있다(자료 출처 : 보건복지부 2022년).

의원급 의료기관

의원급 의료기관이란 의사, 치과의사, 한의사가 주로 외래환자를 대상으로 의료행위를 하는 의료기관을 말하며, 그 종류에는 '의원, 치과의원, 한의원'이 있다.

병원급

병원급 의료기관에는 '병원, 치과병원, 한방병원, 요양병원, 종합병원'이 있다고 규정한다. 병원급 의료기관 중 병원, 한방병원은 30개 이상 병상을 충족해야 하지만, 치과병원은 별도 병상 규정을 두고 있지 않다.

요양병원

요양병원에는 노인성질환자·만성질환자 등 주로 장기입원이 필요한 환자를 대상으로 의료행위를 하는 곳으로, 요양병상을 확보해야 한다.

종합병원

100개 병상 이상 조건을 갖추고 있어야 하며, 100~300개 병상 이하 조건과 300개 병상 초과의 2가지 조건으로 나뉜다. 병상의 규모에 따라서 필수진료 과목과 선택진료 과목의 숫자가 달라지며, 진료 과목마다 각각의 전속 전문의를 두어야 하는 것으로 규정하고 있다.

상급종합병원

보건복지부 장관은 '종합병원' 중에서 중증질환에 대해 난이도가 높은 의료행위를 전문적으로 하는 종합병원을 '상급종합병원'으로 지정할 수 있다고 규정하고 있다. 자격조건으로 진료 과목 숫자와 이에 따른 전속 전문의를 두어야 하고, 전문의가 되려는 의사의 수련기관일 것, 인력 시설, 장비 조건, 질병군별 환자 구성 비율에 대한 조건에 해당해야 할 것으로 조건을 규정하고 있다.

병의원, 치과의원(병원), 한의원(한방병원)들은 종별·과목별로도 다양하고, 규모에서도 차이가 큰 게 우리 의료기관 설립 및 운영의 현실이다. 이 책에서는 종별·과목별로 의료기관을 직접 적시하면 좋지만, 번거롭기에 직접 종별·과목별 적시가 필요할 때를 제외하고는 치과, 한의원도 병의원이라는 명칭으로 줄여서 설명했다. 다만 의료기관 설립과 운영은 현재 진행되고 있는 의료 개혁에 따라서 앞으로 개설 및 운영기준이 달라질 수 있다는 점을 염두에 둘 필요가 있다.

이 책은 상권, 입지분석이 필요한 병원급 이상보다 의원급 의료기관을 염두에 두고 책을 썼다.

주) 의료기관 세부설립 기준과 절차 및 운영편람은 보건복지부 홈페이지에서 직접 다운받거나 해당 지역 보건소를 통해서 문의하면 된다.

종별, 표시 과목별 의료기관 현황

개원을 위한 상권, 입지 조사를 진행하면서 가장 먼저 국내에 얼마나 많은 병의원, 치과, 한의원이 있는지를 확인할 필요가 있다. 물론 전체 규모가 선택 상권 분포를 반영한다고 할 수 없지만, 전체적인 추세를 통해서 의료기관들의 현황을 짐작해 볼 수 있다. 국내 의료기관의 종별·과목별 현황은 국가통계포털의 요양기관 현황을 통해서 파악할 수 있다.

데이터는 매년 분기별 발표되기 때문에 과거와 현재의 일정 기간 현황을 비교하면, 인기가 있거나 침체되고 있는 각각의 종별과 과목별 병의원 현황을 알 수 있다. 이것을 살펴보면 개원 시기를 조율하는 데 도움이 된다.

종별 요양기관 현황

매년 국가고시를 통해서 의사는 약 3,000명대 초반, 치과의사와 한의사는 각각 700명대 초중반이 합격해서 의사가 된다. 정부와 의료계는 오랫동안 의료 개혁 방향성을 두고 대립해왔는데, 그중에서 의사 숫자를 증원하기 위해서 의대 신입생 확대 문제가 가장 첨예하게 의견이 갈리고 있는 부분이다.

정부의 필수 의료 인력 부족과 의사들의 수도권 집중으로 인한 지방 의료인력 부족 문제에 대해서 의대 정원 확대를 통한 의사 공급을 늘리면 문제를 해결할 수 있다는 시각과 구조적인 의료 개혁 없이는 해결이 어렵다는 시각으로 갈라지고 있다. 특히 의료 개혁 문제를 정치권은 선거에서 표의 유불리만 따져서 의료 문제에 접근함으로써 건강보험료 낭비 문제가 심각하지만, 어느 것 하나 제대로 정리하지 못하고 오늘에 이르고 있다

현재 의대는 3,058명(2000년 이후 고정), 치의예과는 725명(2024년 기준), 한의대는 618명(2024년)을 신입생으로 선발하고 있다. 의대 정원 확대 문제는 나 역시 의견이 있으나 이 책에서 제시하는 것은 적절하지 않다는 판단으로 의견을 따로 말하진 않겠다.

국가고시를 통해서 의사 면허증을 취득하게 되면 대부분 수련과정을 거쳐서 전문의를 취득하게 된다. 이후 남성은 군의관, 공중보건의를 거친 뒤 일정 기간 봉직의로 일하거나, 개원을 하고, 여성의 경우 봉직의로 취업하거나, 개원을 하게 된다.

그렇지만 의원 중에는 전문의를 거치지 않고 개원하는 일반의 비율도 9~10% 정도 된다. 그렇다면 국내 종별로 분류되는 요양기관 중 병의원 분포는 어떻게 될까? 여기서 의료 종별 요양기관의 전국 및 수도권의 분포 현황을 살펴보자.

종별 요양기관 현황(2023년 4/4분기~2019년 4/4분기 비교)

지역	인구 (2023. 4/4 / 2019. 4/4)	계	상급종합병원	종합병원	병원	요양병원	의원	치과병원	치과의원	한방병원	한의원	약국
전국	51,325,329	101,762	45	331	1,403	1,392	35,717	239	19,032	559	14,592	24,707
	51,849,861	94,865	42	314	1,489	1,577	32,491	239	17,963	352	14,408	22,493
서울	9,386,034	24,364	14	42	230	110	9,715	60	4,879	85	3,628	5,551
	9,729,107	22,739	13	44	228	124	8,628	65	4,836	53	3,617	5,095
경기	13,630,821	23,007	5	66	286	302	8,086	43	4,698	139	3,306	5,695
	13,239,666	20,491	5	59	277	345	7,065	37	4,204	65	3,146	4,950
인천	2,997,410	4,971	3	18	57	62	1,772	11	991	48	682	1,246
	2,957,026	4,497	3	16	62	71	1,573	9	911	33	658	1,097
수도권	**26,014,265 -50.7%**	**52.342 -51.40%**	**22 -48.80%**	**126 -38.00%**	**573 -40.80%**	**474 -34.00%**	**19,573 -54.80%**	**114 -47.70%**	**10,568 -55.50%**	**272 -48.70%**	**7,616 -52.20%**	**12,492 -50.60%**
	25,925,799 -50.00%	47,727 -50.30%	21 -50.00%	119 -37.90%	567 -38.10%	540 -34.20%	17,266 -53.10%	111 -46.4%	9951 -55.40%	151 -42.90%	7421 -51.50%	11.142 -49.50%

출처 : 국가 통계포털

위 표는 코로나19 이전인 2019년 4/4분기와 2023년 4/4분기의 전국과 수도권 세부 현황을 비교한 것이다.

인구 현황

의료 종별 요양기관 현황을 비교하기 위해서 우리 인구는 어떻게 변하고 있는지 살펴볼 필요가 있다. 코로나19가 시작되기 이전 2019년 4/4분기 우리 인구는 51,849,361명으로 수도권 인구는 25,925,799명으로 전체인구의 50.0%가 거주하는 것으로 나타난다(주 : 우리는 인구감소기에 확실히 접어들었다).

2019년에 비해서 인구는 52만 4,032명이 감소했지만, 2023년 4/4분기 수도권은 26,014,265명으로 전체 인구의 50.7%를 차지해 수도권 집중은 더욱 커졌고 인구도 증가했다. 이 중 서울은 인구가 꾸준히 감소하고 있지만, 경기권은 인구가 꾸준히 증가하고 있다. 원인은 서울은 집값의 상승이 높았던 반면에 경기권은 신도시, 택지지구의 활발한 공급으로 선택의 폭이 넓어진 영향이 컸던 것으로 판단된다.

요양기관 분포

종별 요양기관은 2019년 4/4분기 94,865개에서 2023년 4/4분기 101,762개로 증가했다. 2023년을 기준으로 할 때 수도권에 52,342개(51.4%)로 2019년 47,727개(50.3%)와 비교할 때 수도권 집중은 더욱 커지고 있다.

세부요양기관 분포 현황

이 중 개원의들이 선택하는 주요 병의원의 현황들을 살펴보자.

① 병원, 요양병원

병원, 요양병원은 2019년과 2023년 4년 사이 대부분 요양기관이 증가하고 있지만, 병원과 요양병원은 감소하고 있다. 기관 감소는 신규 개원보다 폐업이 증가하고 있다는 이야기인데, 감소의 대표적 원인은 몇 가지로 살펴볼 수 있다.

· 전문인력의 높은 인건비와 환자 유입 한계가 있다.

수술병원의 경우 전문의에 의해서 수술이 진행되고 입원실이 운영되기 때문에 서브 인력 또한 많이 필요하게 된다. 아무리 실력 좋은 전문의가 있다 하더라도 절대적인 수술 환자가 유입되지 않으면 운영난에 어려움을 겪을 수밖에 없다. 특히 팬데믹과 같은 상황이나, 의료시스템에 문제가 생겨서 신규 환자가 오지 않을 경우 언제든지 어려움에 봉착할 수 있다.

· 낮은 환자부담 진료비와 요양급여가 따라가지 못하는 경우다.

대표적으로 정신병원이나 요양병원의 경우 낮은 환자부담 진료비와 요양급여로 운영 어려움으로 폐업이 증가하고 있는 원인이다.

· 높은 임대료 문제

병원이나 요양병원은 장·단기간 환자의 입원이 가능해야 하는데, 이 경우 자가 병원이 아닌 경우 임대료 부담이 크다. 특히, 높은 임대료 문제는 인구의 절반 이상이 수도권에 거주하고 있지만, 수도권의 2023년 4/4분기 병원 개원 비율은 전체 1,403개 중 573개가 개원해 40.8%에 불과하다. 요양병원은 인구가 밀집된 수도권의 경우, 혐오시설로 주민들이 인식해 주택가 인근 개원을 어렵게 해서 전체 1,392개 중 474개(34.0%)가 개원하고 있고 해를 갈수록 감소하고 있다.

② 의원

의원은 개원할 경우 가장 높은 비중을 차지하는 유형으로, 2023년 4/4분기를 기준으로 35,717개가 있다. 이 수치는 코로나 이전인 2019년 4/4분기와 비교하면 3,226개소가 증가하여 약 10%의 증가율을 보인다. 이것은 코로나19를 겪으면서 개원을 망설였던 분들이 대거 개원에 나선 영향도 작용한 것으로 판단된다.

의원의 수도권 분포는 2023년 4/4분기 19,573개소로 전체의 54.8%를 차지해 2019년 4/4분기의 17,266개소(53.1%)가 증가해 수도권 집중은 소폭 증가했다. 인구 대비를 하더라도 수도권 집중 비율은 높은 편으로 이것을 단순히 의료기관의 수도권 집중으로만 보긴 어렵다.

지방의 경우 인구 분포가 넓은 면적에 산재하고 있기 때문에 경쟁력 있는 상권, 입지를 찾기 어려운 데 비해서 수도권은 인구 집중과 경제력을 갖춘 인구가 많기 때문에 수도권 개원 집중은 당연한 현상으로 볼 수 있다. 이런 현상은 개원의들의 표시과목별 수도권과 지방의 분포를 좀 더 명확해진다.

표시과목별 의원 분포현황 - 전국 및 수도권(2023년 4/4분기)

표시과목별(1)	2023년 4/4분기	2019년 4/4분기	3년증감	서울(23.4/4)	경기(23.4/4)	인천(23.4/4)	수도권 합계비율
				9,428,372명	13,589,432명	2,967,314명	25,985,118명 (50.5%)
계	35,717	32,491	3,226	9,715	8,086	1,772	19,573(54.8%)
내과	5,430	4,855	575	1,256	1,238	280	2,774(51.1%)
신경과	294	219	75	55	44	8	107(36.4%)
정신건강의학과	1,592	1,208	384	560	333	60	953(59.8%)
외과	1,034	993	41	226	229	48	503(48.6%)
정형외과	2,586	2,173	413	655	665	153	1,473(56.9%)
신경외과	585	496	89	101	136	33	270(46.1%)
심장혈관흉부외과	59	50	9	11	9	2	22(37.3%)
성형외과	1,165	991	174	645	107	36	788(67.6%)
마취통증의학과	1,368	1,173	195	329	276	62	667(48.7%)
산부인과	1,317	1,311	6	394	301	60	755(57.3%)
소아청소년과	2,152	2,227	-75	451	680	143	1,274(59.2%)
안과	1,727	1,629	98	466	384	81	931(53.9%)
이비인후과	2,685	2,528	157	699	708	152	1,559(58.1%)
피부과	1,436	1,325	111	548	314	52	914(63.6%)
비뇨의학과	1,092	1,042	50	268	222	49	539(48.4%)
영상의학과	145	151	-6	42	30	4	76(52.4%)
재활의학과	521	431	90	188	116	21	325(62.4%)
가정의학과	853	852	1	210	186	31	427(50.0%)
일반의	3,210	2,943	267	806	634	153	1,593(49.6%)

출처 : 국가 통계포털

4년간 표시 과목별 의원의 분포 현황을 보면, 앞서 언급과 같이 2023년 4/4분기 기준, 우리 인구는 수도권에 50.7%가 거주하고 지방에 49.3%가 거주하는 것으로 나타났다. 이에 비해서 수도권 의원 개원 비율은 수도권에 54.8%가 개원하고 있어서 지방의 45.2%에 비해서 월등히 앞선다. 이것은 개원의 입장에서 타깃 환자가 산재한 지방보다 집중된 수도권이 경쟁이 치열하더라도 환자를 유입시키기 유리하기 때문이다.

특히 앞의 표를 보면 몇 가지 의미 있는 사실을 추론해볼 수 있다.

첫째, 4년 동안 전국적으로 3,226개 의원이 증가해 대부분 과목이 증가했지만, 소아청소년과는 75개가 감소했고 영상의학과는 6개가 감소했다.

소아청소년과는 출산율 감소로 인한 미래 환자수 감소로 인해서 개원을 꺼리는 현상뿐만 아니라 낮은 의료 수가, 지나친 부모들과의 분쟁, 지역에서 한번 잘못 보이면 조리돌림에 가까운 악플 등이 복합적으로 소아청소년 전공의를 선택하는 의사들이 감소하는 것과 무관하지 않게 작용한다.

영상의학과 감소는 일시적 현상이거나 의원급 이상에서 타 경쟁의원을 압도하기 위해서 시설 확충이나 영상의학 전문의와 공동 개원 및 영입하는 경우가 증가한 것으로 봐야 한다.

둘째, 병원급 이상에서는 수술과 입원을 중심으로 운영되지만, 의원급에서는 간단한 시술과 비수술 요법을 중심으로 진단과 치료를 하는 경우 숫자가 증가함으로써 인기 있는 과목의 경우 개원 경쟁이 더욱 치열해졌다고 봐야 한다.

이 중, 산부인과의 경우 출산율 감소이지만 개원은 증가했는데, 이 수치는 출산을 전문으로 하는 산부인과, 여성병원 증가보다는 정기검진이나, 수익성이 높은 여성질환, 여성 미용 수술 수요를 위한 개원이 증가했다고 볼 수 있다.

셋째, 수도권에 개원 비율이 높은 과목은 환자군들이 수도권에 집중되거나 환자들의 경제적인 요인이 크다.

수도권 개원 비율 54.8%를 상회하는 과목을 보면, 정신건강의학과(953개/59.8%), 정형외과(1,473개/56.9%), 성형외과(788개/67.6%), 산부인과(755개/57.3%), 소아청소년과(1,274개/59.2%), 이비인후과(1,559개/58.1%), 피부과(914개/63.6%), 재활의학과(325개/62.4%)이다.

넷째, 의료환경이 급변하면서, 전문의라 하더라도 주력으로 진료하는 과목이 본인이 취득한 전문의 과목보다 수익성이 높은 타과 진료가 증가한 것도 뚜렷한 현상이다. 일반의로 개원하는 비율을 보면 2023년 4/4분기 기준으로 3,210개로 전체 의원 비율에서 약 9%대를 형성하고 있다.

③ 치과(치과병원 포함)

치과는 항상 그렇지만 2023년 4/4분기 기준으로 국내 종별 의료기관 중에서 가장 경쟁이 치열한 곳이다. 치과(19,032개), 치과병원(239개)을 합쳐서 19,271개가 개원하고 있다. 2019년 4/4분기 18,202개와 비교하면 1,070개가 증가해 증가율 5.7%를 기록하고 있다.

이 수치를 체감하기 위해서 치과의 치열한 경쟁은 편의점 수치와 비교하는데, 2023년 말 기준 대한민국 4대 편의점(CU, GS25, 세븐일레븐, 이마트24)의 합계가 약 5만 2,000여 개라는 점을 감안하면 경쟁이 어느 정도 심각한지 짐작할 수 있다(주 : 편의점 중 점포수가 가장 많은 CU가 16,787개로, 치과는 CU 편의점보다 많다고 볼 수 있다).

치과 진료에서 임플란트는 보험 적용이 확대되긴 했지만, 비보험 부분 비율이 높아서 개원 시에는 배후 타깃 환자수 못지않게 상권 범위 내의 경제력이 중요한 평가 요소 중 하나다. 따라서 상대적으로 인구 밀집도와 소득 수준에서 지방 도시보다 앞서는 수도권(서울, 경기, 인천)의 경쟁이 치열할 수밖에 없는 이유다.

수도권의 개원 비율은 치과(10,568개), 치과병원(111개)를 합쳐서 10,682개로 55.4%를 차지하고 있다. 수도권은 타깃 환자의 수가 많고 소득 수준이 높아 새로운 환자의 꾸준한 유입이 이루어지기에 개원 비율이 높을 수밖에 없다.

④ 한의원(한방병원 포함) 현황

치과 다음으로 많은 의료기관이 한의원(한방방원 포함)이다. 2023년 4/4분기 기준 한방병원(559개), 한의원(14,592개)을 합치면 15,151개다. 2019년 4/4분기와 비교하면 한방병원이 352개에서 559개로 크게 늘었지만, 한의원은 14,408개에서 14,592개로 184개가 증가해 숫자에 비해서 크게 증가하지는 않았다. 이것은 입원실에 대한 보험 적용을 받으면서 수익성을 높이기 위해서 2020년 이전에 한방병원들의 개원이 폭

발적으로 증가한 원인이다.

그러나 한방병원 입원실에 대해서 보험 적용이 대폭 축소되고, 자동차보험에 대해서 관리가 엄격해지면서 신규 개원보다 이전에 증가한 한방병원들의 유지로 봐야 하기 때문에 크게 증가했다고 보는 것은 무리가 있다.

따라서 앞으로 한방병원의 추이를 지켜볼 필요가 있지만, 신규개원의 경우 입원실을 갖춘 한방병원보다 외래진료에 의지하는 한의원급이 대부분이 될 수밖에 없을 것으로 판단된다. 앞으로 신규개원하는 한의사들의 경우 상권과 지역에 따라서 차이가 있지만, 현재 수준으로 유지된다고 봐야 한다.

지역적 분포로는 역시 수도권 개원 비중이 높지만, 치과보다는 낮은 한의원 기준 7,616개(52.2%)다. 이것은 수도권보다 지역의 경우, 평균연령이 높기 때문에 한의원 진료를 원하는 장·노년층의 비율이 높기 때문이다. 다만, 특정 질환을 염두에 두고 개원할 경우 여전히 타깃 환자층의 유입이 쉬운 수도권 지역을 선호한다(주 : 대형 한의원, 한방병원의 경우 건강보험 적용, 확대, 축소에 따라서 영향을 받아왔으므로 개원을 준비 중인 분들은 추이를 살펴볼 필요가 있다).

자료는 수도권을 제외한 지방 광역시·도의 표시과목별 의원 분포 현황이다. 지방 광역시·도 표시과목별 의원 현황이지만, 주의할 것은 한 지역에 지나치게 많거나 적게 특정 표시과목

표시과목별 지방의원 분포 현황–지방 광역시도(2023년 4/4분기)

표시 과목별(1)	전국	부산	대구	광주	대전	울산	세종	강원	경남	경북	전남	전북	충남	충북	제주
	51,325,329 (100%)	3,293,362 (6.41%)	2,374,960 (4.62%)	1,419,237 (2.76%)	1,442,216 (2.80%)	1,103,661 (2.15%)	386,525 (0.75%)	1,527,807 (2.97%)	3,251,158 (6.33%)	2,554,324 (4.97%)	1,804,217 (3.51%)	1,754,757 (3.41%)	2,130,119 (4.15%)	1,593,469 (3.10%)	675,252 (1.31%)
계	35,717 (100%)	2,597 (7.27%)	1,980 (5.62%)	1,050 (2.93%)	1,111 (3.11%)	637 (1.81%)	229 (0.64%)	796 (2.22%)	1,715 (4.80%)	1,299 (3.63%)	970 (2.71%)	1,215 (3.40%)	1,112 (3.11%)	936 (2.62%)	497 (1.39%)
내과	5,430	447	366	174	185	93	34	130	287	216	135	221	167	143	58
신경과	294	23	32	18	17	4	2	7	12	15	9	20	14	12	2
정신건강의학과	1,592	139	78	46	67	20	13	22	57	30	26	51	33	35	22
외과	1,034	64	76	32	29	14	9	29	49	54	30	51	50	33	11
정형외과	2,586	180	155	47	78	49	18	60	106	97	45	84	78	75	41
신경외과	585	43	49	19	12	10	4	14	34	29	22	22	21	26	10
심장혈관흉부외과	59	9	3	0	5	5	0	0	2	2	2	1	3	4	1
성형외과	1,165	102	70	30	32	12	4	13	24	16	12	21	14	13	14
마취통증의학과	1,368	124	89	47	38	29	9	33	81	55	42	64	39	30	21
산부인과	1,317	69	78	36	37	29	8	33	57	48	19	49	42	37	20
소아청소년과	2,152	137	116	42	56	34	26	57	95	68	25	65	65	56	36
안과	1,727	140	104	43	45	31	9	42	94	66	51	60	51	38	22
이비인후과	2,685	202	163	81	81	49	19	44	131	88	52	74	59	57	26
피부과	1,436	113	75	59	41	20	9	15	48	29	22	36	23	21	11
비뇨의학과	1,092	92	83	36	39	25	7	27	57	43	33	31	37	32	11
영상의학과	145	7	10	3	9	3	1	7	5	4	0	9	6	4	1
재활의학과	521	27	22	20	31	7	3	14	12	11	6	11	11	14	7
가정의학과	853	39	31	46	27	18	5	16	33	33	21	78	28	41	10
일반의	3,210	238	105	94	108	64	18	80	189	140	156	105	142	117	61

출처 : 국가 통계포털

의원 분포 비율이 나타난다고 하더라도 이것이 직접적으로 경쟁률이 높거나 낮기 때문에 진입을 결정할 중요 판단 자료가 될 수 없다. 광역시·도, 그리고 선택상권이 속한 시, 군, 구의 면적, 인구수 및 인구 밀집도가 다르기 때문이다.

따라서 이 자료는 광역시·도의 해당 표시과목의 분포 추세로 이해하고, 상권, 입지 분석은 해당 시·군·구 및 선택 상권과 선택 상권과 경쟁하는 상권을 함께 분석함으로써 경쟁력을 파악할 수 있다.

병의원 과목별 개원 유형

내과 개원 콘셉트 유형

내과는 이비인후과, 소아·청소년과와 함께 의원급 메디컬에서 처방전 발행이 가장 많은 과목이고, 그중에서 내과는 로컬 상권의 메디컬 건물에서 중심을 이루는 과목이다. 따라서, 내과를 유치할 경우, 다른 과목 진입률을 높일 수 있고, 다른 층의 분양이나 임대 유치가 용이하다.

특히 내과를 유치할 경우 다른 과목 유치를 촉진해 핵심 상가인 약국의 분양가와 임대료를 높게 받을 수 있기 때문에 시행분양사가 유치를 가장 선호하는 과목이다.

그러나 내과 개원이라 하더라도 희망하는 유형에 따라서 규모와 개원 컨셉이 달라지는데 핵심 유형은 다음과 같다.

① 내과검진센터

내과 개원에서 가장 희망하는 유형이다. 건강보험공단에서 진행하는 정기검진과 직장에서 실시하는 직장인 건강검진을 주로 하는 유형이다. 내과검진센터라도 내과 외래진료를 병행하지만, 건강검진센터의 경우 건강검진센터에 집중하는 메디컬의 비율이 높다.

검진센터 간 환자 유치경쟁이 치열해지면서 경쟁 검진센터보다 우월한 상권·입지를 선택하기 희망하고 설비와 인테리어의 중요성이 커지면서 임대료뿐만 아니라 개원 비용이 커지면서 공동개원하는 유형이 증가하고 있다. 신규개원의 경우 경쟁이 치열한 오피스 상권이나 역세권, 중심 상권보다 배후인구 규모가 확실한 지역 거점 상권의 개원이 안정적이다(지역 거점 상권은 수도권 기준으로 3개 행정동 이상의 접근이 가능한 상권을 말한다).

배후세대에 의지한 로컬형 항아리 상권의 경우, 1만 세대 이상을 선호하지만 가족세대의 구성이 많은 상권이 유리하다. 신규개원의 경우 희망하는 면적 규모는 330㎡가 가장 많지만, 상권은 좋지만 개원할 만한 상가가 없을 경우 230㎡ 전후에서 개원을 희망하는 경우도 많다.

② 신장내과

성인병이 증가하면서 50대 이상에서 많이 나타나는 질환이

신장계통의 질환이라고 한다.

신장내과에서는 앞서 언급했듯이 외래진료를 전문으로 하는 내과에서 진행하는 내과외래환자에 대한 진료와 예방접종을 수행하지만, 신장내과는 혈액투석기를 설치하고 정기적으로 투석이 필요한 환자들을 대상으로 치료를 한다.

혈액투석은 신장내과뿐만 아니라 종합병원, 요양병원 등에서도 치료를 하지만 이곳은 중증 질환자를 한다면 신장내과에서는 일상생활을 하는 환자를 대상으로 하는 경우가 많다. 고령화와 성인병의 증가 추세에 따른 신장 계통 이상으로 인해 혈액투석이 필요한 환자들도 증가하고 있다.

내과검진센터에 비해서 숫자가 많지 않고, 내과검진센터보다는 더 넓은 상권 범위가 필요해 배후세대 규모 2만 세대 이상이며 상대적으로 50대 이상 중장년 인구 숫자가 많은 상권이 유리하다. 실제 연령별 인구 비율보다 실제적인 인구수가 많은 지역이 유리하며 지역 내 유입뿐만 아니라 가능하면 상권 확장성이 좋은 상권·입지가 경쟁력이 있다.

메디컬의 규모는 최소 330㎡ 이상이며, 가능하면 1개 층 전체를 사용할 수 있는 건물이 환자들의 편의를 위해서 유리하다.

③ 외래진료전문

일상적인 소화기나 순환기 계통의 정기 검진과 처방을 하며, 예방접종 중심의 외래진료를 한다. 젊은 신규개원 의사보다는 오랫동안 하나의 질환에 권위를 인정받아서 대학병원이나 종합병원에서 교수로 봉직하면서 은퇴 하면서 특정 질환 중심으로 환자들을 대응하기 위해서 개원하는 유형이다.

주로 특정 질환에 권위를 가지고 있을 경우 역세권과 같이 교통이 편리한 지역이 많지만, 로컬 상권의 경우 배후세대 5,000세대 이상 가족 구성원이 안정적인 주거지 상권과 지식산업센터와 같은 오피스상권도 검토가능한 입지다. 메디컬의 규모는 150㎡ 전후면 가능하다.

④ 비고

내과 환자는 50대에 접어들면서 본격적으로 시작되고 국가건강검진도 40대 후반부터 정기적으로 받기 시작한다. 고령화가 너무 빨리 진행되기 때문에 개원 이후 최소 10년 이상을 운영할 것으로 예상한다면 상권 선택에서 본격적인 내과 방문이 많은 50대보다는 상대적으로 40대 연령분포가 높은 지역이 장기적으로 유리하다.

소아청소년과 개원 콘셉트 유형

병의원 중에서 필수의료를 구분하긴 어렵지만, 꼭 필요한 과목으로 본다면 소아청소년과도 그중 하나일 것이다. 과목마다 부침을 많이 겪고 있지만, 소아청소년과만큼 큰 변화를 겪고 있는 과목도 없다. 의대를 졸업하고 전공의를 뽑는 수련의 과정 지원자 중에서 대학병원마다 소아청소년과 지원자가 1명도 없는 곳이 있을 정도로 어려움을 겪고 있다고 한다.

① 소아청소년과의 기피 이유

소아청소년과가 이렇게 의사들이 기피하는 과목이 된 것은 다음과 같은 이유라고 한다.

첫째, 업무 강도에 비해서 수가체계가 낮다.

수가체계가 낮아서 하루 최대한 많은 환자를 진료해야 하기 때문에 여기에서 오는 업무 강도를 견디기 어렵다고 한다.

둘째, 출산율의 감소로 환자 숫자는 지속해서 감소하고 있다.

소아청소년과를 찾는 환자 대부분이 10대 중반 이전 환자에 집중되는데 현재 출산율은 10여 년 전과 비교해서 반 토막이 난 상황이고 앞으로 이 추세는 지속될 것이다.

셋째, 부모들의 지나친 간섭 때문이다.

소아청소년과의 진료 특성상 자기표현에 서툰 소아청소년이 대상이므로 오랜 시간 상담이 필요하다. 그러나 지나치게 오래 상담하다 보면 진료와 예후에 대해서 지나치게 부모들이 간섭하고 불만을 제기하기 때문에 진료 매뉴얼을 넘지 않으려고 한다고 이야기한다. 진료 과정에서 발생할 수 있는 문제뿐만 아니라 부모들과 부딪혔을 때 소아청소년과의 특성상 지역사회에서 개원하기 때문에 한번 평판이 나빠지면 돌이키기 어렵다는 문제가 발생한다.

② 소아청소년과의 상권·입지

소아청소년기를 고등학교 이전 연령대까지로 보지만 소아청소년과 진료가 가장 많은 연령대는 면역력이 취약한 유아기와 초등학생까지의 비중이 높다. 대부분 소아청소년과 외래 환자들은 급여 환자들로, 과거 소아청소년과는 5,000세대 전후의 동네 상권이면 개원 조건이 충분했지만, 출산율 감소로 동네 상권에서 환자들 감소로 폐업하는 비율이 증가했다.

최근 5년 이내 개원한 소아청소년과 상권을 보면 신도시나 대단지 재건축 지역 근린상가가 아니라면 상권 확장성이 좋은 지역 거점형 상권에 개원이 집중되고 앞으로 이 추세는 지속될 것으로 판단된다. 이렇다 보니 최근 소아청소년과는 환자들이 증가해 아침 7시부터 진료를 받기 위해서 줄을 서고 1명의 의사가 하루 150명 이상의 환자들을 보는 경우도 있다고 하다.

특히 초등학교 이하 환자들이 많은 점을 고려해 지역적으로 주민등록 평균 연령은 40세 이전 연령대이고 초등학교 학생수가 상대적으로 높은 지역이 유리하다. 그러나 결혼 연령대가 늦어지거나, 결혼하지 않는 사람들이 증가하면서 연령대를 기준으로 개원 상권, 입지를 선택하기 어렵기 때문에 평균 연령 못지않게 가정 내 자녀 포함을 알 수 있는 세대당 인구도 함께 고려해야 한다.

개원 시 희망 면적은 120㎡이면 충분하지만, 소아청소년과의 특성상 젊은 부모들이 병원을 선택하게 되므로 소아 · 청소년들의 심리적인 안정을 위해 인테리어가 고급화되고 규모도 커지는 추세다.

이비인후과 개원 콘셉트 유형

귀, 코, 목으로 인한 내과 및 외과적 진료와 치료를 하는 과목이다. 의원급에서는 내과적인 진료와 치료, 가벼운 수술을 하고, 대학병원급에서는 외과적 수술 비중이 높다고 한다. 코로나19를 겪으면서 감기, 독감과 호흡기질환 증가로 환자가 증가한 과목 중 하나다.

상권의 유형은 소아청소년과와 마찬가지로 과거에는 배후세대 중심의 동네 상권 개원이 많았다면 최근에는 지역 거점형이나, 역세권 개원이 증가하고 있다.

이비인후과 규모는 개원유형에 따라서 차이가 나는데 대체로 다음 유형에서 개원이 이루어진다.

① 외래환자 중심의 개원이라면 120㎡ 정도의 면적이면 가능하지만, 최근에는 신규 개원 시 검사실을 별도 설치가 증가하면서 165㎡ 이상을 선호한다.

② 이비인후과 개원 시 함께 소아청소년과 진료에 집중하고

부설로 아동발달센터를 겸하면서 아동들의 성장과 발달과정을 지도, 관리한다.

이비인후과에서 아동발달센터를 겸할 때 적어도 250㎡ 이상이 필요한데, 이때 상권 내 동일 과목이나 타 과목에서 운영하는 아동발센터가 있을 경우, 시설이나 인테리어를 차별화하기 위해서 과도한 투자비가 들어가는 것을 경계해야 한다. 또한 소아청소년 대상으로 할 경우 빈번한 부모와 마찰이 증가하고 있다고 하기 때문에 사전에 세부적인 매뉴얼을 만들어둬야 한다.

③ 성인 대상으로 이명, 코골이 질환을 수술과 치료한다. 이 경우, 상권 확장성이 지역주민들이 집객되는 중심상업지역이나 지하철 역세권이 유리하고, 병원 규모는 210㎡이면 가능하다.

대체로 충분한 임상 경험이 많은 특정 분야 수술에 경험이 많은 전문의들이 선택하는 유형으로 상권 확장성이 좋은 지역이 경쟁력이 있다.

④ 수면장애 전문 이비인후과

현대인에게 다양한 질환이 나타나는데, 그중 하나가 심각한 수면장애다. 병원급에서 여러 과가 협진하는 수면장애클리닉을 운영하는 사례도 있지만, 의원급에서는 이비인후과가 수면장애 클리닉에 적극적이다.

상권·입지는 직장인들의 접근성이 좋은 역세권과 지역민이 집중되는 지역 거점 상권에 개원하는데 야간 운영으로 필수 인력이 많이 필요하기 때문에 충분한 인력과 예산 계획을 세운 뒤 진행해야 한다. 별도 환자별 룸이 필요하므로 권장하는 면적은 265㎡ 이상이 필요하므로 임대료에 대한 검토도 반드시 이루어져야 하는 유형이다.

정형외과, 마취통증의학과, 재활의학과, 신경외과 개원 콘셉트 유형

정형외과, 마취통증의학과, 재활의학과, 신경외과 전문의들이 의원급으로 개원하는 경우, 전문의 과목을 표시과목으로 하는 경우가 많지만, ○○의원으로 표시하고 진료과목에 각각의 과목을 내세우는 경우도 많다. 이것은 전문의 입장에서 보면 각각 진료과목에 따른 진단과 치료 방법에서 분명한 차이가 있고, 환자들이 어떤 전문의를 찾아야 하는지 스스로 구분하기도 하지만, 많은 환자들이 전문진료 영역을 구분하지 못하고 내원하기 때문이다(이하 정형외과로 설명한다).

메디컬 상가에서 의원급 정형외과는 내과검진센터와 함께 반드시 유치해야 할 과목으로 인식하고 있다. 무엇보다 2개 과목은 모두 다른 과목에 비해서 면적이 상대적으로 크기 때문에 1개 층이나 2개 층에 개원할 때 메디컬 상가 안정성이 높기 때문이다.

또한 의료비가 증가하고 건강에 본격적으로 신경을 쓰는 40대가 넘어가면 내과검진센터는 정기 검진이 증가하고, 정형외과적 질환 또한 본격적으로 나타나기 때문으로, 2개 과목이 개원한 메디컬상가의 경우 다른 과목을 유치하기 쉽기 때문이다.

일반적으로 병원급 수술 중심 특화형 정형외과 병원은 입원실을 두고 지역의 중심상권이나 외부 유입이 용이한 간선도로에 개원하는 비율이 높다(ex : 도로를 중심으로 할 경우 △△대로라고 붙은 지역의 중심도로가 많다).

환자들은 특화형 병원을 찾을 때는 전문분야 명의가 근무하는 병원을 적극적으로 찾아서 진료와 치료, 수술을 맡기기 때문에 의원급과는 보험수가에서부터 차이가 나기 때문에 병원급은 의원급과 상권 입지에서 차이가 난다.

여기에서는 앞서 언급대로 의원급 정형외과를 중심으로 설명하기로 한다.

의원급 정형외과는 앞서 설명과 같이 마취통증의학과, 재활의학과, 신경외과와 통증이나 질환을 가지고 있는 환자들이라 하더라도 본인이 내원해야 할 과목을 정확히 구분하지 못하는 경우가 많기 때문에 내원환자가 어떤 과목의 의원을 찾는지에 따라서 결정된다. 즉, 통증이나 질환을 가지고 있는 환자들이라 하더라도 본인의 선택에 따라서 과목을 찾지만, 전문의의 진료와 치료 방향에 결정된다.

개원 유형은 여전히 단독개원 비중이 높지만, 과목 간 2인 이상 공동개원을 하면서 부족한 부분을 보완하면서 타 과목 전문의와 공동개원하는 사례도 증가하고 있다(ex : 정형외과+마취통증학과, 정형외과+신경외과 등).

상권 선택에서 개원의의 진료와 치료 콘셉트를 어떻게 할 것인지에 따라서 결정된다.

즉 보험환자에 집중할 것인지, 비보험환자 비중을 높일 것인지에 따라서 상권 선택이 달라지기 때문에 타깃 환자들의 인구수 못지않게 비보험 비율을 높일 경우, 환자들의 지불 수준도 중요 검토 대상이다.

개원 비용이 커지고 경쟁이 치열해지면서 수도권이나 광역시의 경우 상권의 기본적인 형태는 배후세대가 집중된 지역 거점 상권이나, 교통이 원활한 역세권을 선호하는 경향이 뚜렷하다. 대체로 지하철 승하차 인원이 많거나, 환승을 하는 역세권에 경쟁력 높은 정형외과, 마취통증의학과, 재활의학과가 많은 것도 이와 같은 이유다. 또한 직업적 질환 증가로 근무자가 충분하다면 산업단지나, 지식산업센터가 집중된 지역에도 정형외과, 마취통증의학과, 재활의학과의 진입하는 비율이 높은 것도 관심 가질 만하다.

일반적으로 정형외과, 마취통증의학과, 재활의학과는 중·장년층이 많이 거주하는 지역이 좋지만, 현재 대한민국에서 이제 막 진입한 신도시라도 평균 연령이 35세를 넘어섰기 때문에 연령대를 따지는 것은 큰 의미가 없다. 다만, 기존상권일 경우 경쟁이 심해지면서 상권 확장성이 뛰어난 상권이 경쟁력이 있기 때문에 실질적인 상권 범위가 어느 정도인지 확인이 필요하다.

개원 규모는 수술을 하지 않고 진료실과 재활 운동과 물리치료실 중심으로 갖추지만, 경쟁이 치열해지면서 대형화, 고급화되는 추세는 다른 과목과 차이가 없다.

규모는 의원급이라도 최근에는 최소 330㎡ 이상 공간을 필요로 하는 경우가 대부분이다.

피부과, 성형외과 개원 콘셉트 유형

피부과 및 성형외과적 치료와 진료, 수술을 하는 과목이며, 전체적으로 사람들의 삶의 질 개선을 목적으로 한다. 수술, 진료와 치료에 전념하는 곳도 있지만, 수익성 때문에 미용 클리닉, 다이어트 교실을 함께 운영하는 피부과, 성형외과들도 증가하고 있다.

개원 형태는 ① 강남역, 압구정, 신사동과 같이 도시 전체 주민이나 전국에서 환자들을 유입할 수 있는 대표적인 성형외과 상권에 개원해 특정 부분 수술이나 미용시술을 전문으로 하는 경우, ② 지역의 거점 단위 역세권, 중심 상업 지역에 개원해서 전문적인 진료와 치료, 미용시술을 전문으로 하는 경우,

③ 피부과, 성형외과 전문의가 아닌 타 과목 전문의들이 진료 과목을 추가해 수술 이외에 피부과, 성형외과적인 진료와 시술을 하는 경우가 있다.

병원 규모는 진료와 치료만 하는 외래환자만 전문으로 받는 피부과의 경우, 200㎡ 내외를 선호하고 특정 부분 수술을 전문으로 하거나 미용클리닉을 함께 운영할 경우, 300㎡ 이상 전용 면적을 선호한다.

상권 유형은 특정 부위 수술 전문 병원의 경우, 광역시 단위 이상의 특정 상권이나 중심 상권에 개원하고, 미용이 중심이 된 클리닉이 포함된 의원의 경우, 1만 세대 이상의 택지지구나 신도시 상권의 상업 지역, 원도시 지역의 역세권, 중심 상권을 선호한다.

비급여항목이 많고, 미용, 다이어트 클리닉을 함께 운영할 경우, 소득 수준이 안정되고 30~40대 주부층이 많은 상권이 유리하다.

산부인과 개원 콘셉트 유형

인구구조 변화 중 출산율 감소는 사회의 여러 부분에서 영향을 미치지만, 의료 부분에서 산부인과에 가장 큰 타격을 주었다.

분만을 전문으로 하는 산부인과는 의료 인력도 많이 필요하고, 분만실, 입원실을 갖추고 시설에도 많은 투자가 필요한

데, 출산율의 급격한 감소로 분만 산부인과의 운영이 어렵게 되면서 많은 투자를 했던 개인산부인과 폐업이 속출했고, 심지어 지방자치단체에서 공공산후조리원을 야심에 차게 시작했던 곳도 더 이상 출산이 이루어지지 않아서 문을 닫고 있는 현실이다.

실제로 이런 폐업 사례는 수도권보다 지방이 심각한데, 지방의 많은 읍, 면 지역은 지역에서 신생아가 출산하면 플래카드를 내걸 정도로 축하를 하는 분위기인 것을 보면 출산율이 얼마나 심각한지 알 수 있다.

기존 산부인과가 폐업할 경우 해당 상권과 상가에도 심각한 결과를 가져오는데, 한 예로 필자에게 상담했던 인구 8만 명 지방 ○○시의 산후조리원이 있는 산부인과가 폐업하고, 같은 건물에 치과 개원을 원하시는 분이 산부인과 산후조리원이 다시 문을 연다면 상권과 상가가 활성화될 것으로 생각해 기대를 안고 개원을 검토하면서 상권에 대한 상담을 한 적이 있다.

이 지역의 출생자 숫자는 2023년 말 기준으로, 170명으로 10년 전의 400여 명과 비교하면 절반 이하로 떨어졌다.

이렇게 출산율이 급감하면 산부인과의 경우에도 이용자가 급감하면 시설 노후화와 인력의 부족으로 지역 산부인과보다는 인접 도시나 아예 대도시 대형 산부인과를 이용하기 위해서 이동하기 때문에 산부인과들은 더욱 악순환에 빠지게 된다. 결국 이 산부인과와 산후조리원은 지역의 출산율이 회복되지 않으면 다시 문을 열지는 못할 것이다.

분만산부인과의 경우 통상 출산 이후 소아진료를 위한 소아·청소년과 여성 검진과 관리를 위한 여성클리닉, 산후조리원을 함께 운영하는데, 이 경우 대부분 기존 대도시 산부인과가 해당된다.

출산과 산후조리원, 소아·청소년 과목이 결합된 병원급 산부인과의 경우, 도시 중심도로에 위치해 인접 도시 주민까지 유치할 수 있도록 주차장 여건이 충분히 갖추어져 있어야 한다(일반적으로 8차선 도로/기존 분만 산부인과가 해당). 이런 점 때문에 분만이 중심이 된 산부인과는 신규개원은 현실적으로 불가능하고 기존 병원이 이 새로운 병원을 신축하는 경우가 해당된다. 따라서 신규 개원 산부인과의 경우 1인 산부인과 비중이 높고 분만을 제외한 부인과 질환의 검진 및 진료 및 수술과 여성 미용클리닉이 중심이 된다.

부인과 진료 및 검진, 수술과 여성 미용클리닉을 전문으로 하는 의원급의 개원 상권 입지는 다음과 같다.

① 지역 주거가 밀집된 지역의 상업 지역
② 여성 직장인이 많은 지역
③ 환승 지하철 역세권을 선호한다. 분만을 제외한 부인과

질환과 여성 클리닉 중심으로 개원한다면 제한된 주거 지역 상권보다는 역세권과 노선버스 이동이 활발하거나, 여성 직장인이 많은 지역이 유리하다.

부인과 전문 산부인과 개원을 원하는 예비 원장님들의 희망 개원 규모는 전용면적 165㎡ 내외를 선호한다.

정신건강의학과 개원 콘셉트 유형

사회가 빠르게 변하면서 목표를 잃어버린 사람, 사람과의 관계에 대한 어려움, 사건, 사고의 반복은 깊은 우울감과 좌절, 심각한 트라우마에 시달리는 사람의 증가를 가져오고 있다. 또한 반복되는 전염병으로 인한 팬데믹 상황은 사람들의 고립감을 더욱 키우고 있다. 이런 정신적인 문제를 종합적으로 진단하고 치료하는 의료 과목이 정신건강의학과이다.

불과 10여 년 전까지만 하더라도 정신건강의학과를 다닌다고 하면 큰 문제가 있는 사람으로 생각했으니 이제는 문제가 있을 때 적절한 시기에 정신건강의학과에서 치료와 상담을 받는 것이 이상하지 않게 되었다. 이런 인식개선으로 인해서 정신건강의학과는 최근 몇 년 사이 개원이 가장 증가한 과목 중 하나다.

최근 정신건강의학과는 전 영역의 진료와 치료를 하지만, 소아정신과, 여성, 직장인 대상과 같이 세대에 집중하고, 치료

역시 세분화 특화하는 추세가 나타나고 있다. 또한, 심리상담의 중요성으로 인해서 유명 정신건강의학과를 중심으로 부설로 심리상담센터를 운영하는 사례도 증가하고 있다.

정신건강의학과 신규 개원을 위한 적합한 상권은 인식개선이 되었다고 하더라도 제한된 로컬상권의 경우, 환자 부족과 특화 영역을 개발하는 데 어려움이 있을 수 있기 때문에 상권 확장성이 좋은 지역이 좋다.

지방중소도시의 경우 도시 중심상권이 유리하지만, 인구 50만 명 이상 도시라면 처음 개원하는 경우 지역 거점형 상권으로 지역민 접근성이 좋은 상권에 개원하는 것이 유리하다. 이런 점 때문에 광역시 이상이나 수도권의 경우 주거지와 오피스가의 분포가 높은 역세권에 정신건강의학과가 집중된 것도 이와 같은 이유다.

인구 10만 명 이상 신도시의 경우 초기 입주 시 평균 연령이 30대 중반으로 대도시 평균보다 6~7세보다 젊어서 2~30대 여성층이나, 어린이 정신건강의학과 환자가 비교적 많은 지역이다. 이 경우 지역주민 접근성이 좋은 생활권 단위 근린상가보다 여러 개 생활권이 집중되는 중심상업지역이 개원하기 유리한 상권이다. 이밖에 앞서 언급한 것과 같이 직장인들의 우울증, 공황장애 증가로 출퇴근하는 역세권 지역의 개원도 증가하지만, 전국에 분포하는 첨단 국가산업단지나 도심 오피스가에도 개원 분포가 높다.

개원의 입장에서 정신건강의학과는 상대적으로 시설, 장비의 투자가 높지 않아서 개원 비용이 낮다는 게 가장 큰 장점이다. 규모는 운영 형태에 따라서 차이가 나는데, 예약 상담으로 운영하는 형태와 별도 예약 없이 내원하는 환자를 진료하는 형태의 경우 100㎡면 가능하고, 부설 심리상담상센터를 함께 운영할 경우 상담 부스의 숫자에 따라서 차이가 나는데, 최소한 230㎡ 이상을 선호한다. 심리상담센터를 함께 운영할 경우, 대도시의 경우 높은 임대료와 시설비가 부담될 수 있으므로 개원을 준비하면서 개원 시 운영 개념을 명확히 한 뒤 결정하는 것이 좋다.

비뇨의학과 개원 콘셉트 유형

일반인들은 비뇨의학과로 부르기보다는 비뇨기과로 알고 있어서 시중 간판에는 비뇨기과로 표시한 곳이 많다.

비뇨의학과에서 주요 진료 및 치료 영역으로 내세우는 질환들을 보면 요로결석, 방광염 ,혈뇨,전립선질환, 포경·정관수술, 성병 관련, 성 관련 장애들이다(이건 창문이나 래핑, 병원 외부 입간판들에 나타난다). 비뇨의학과는 2010년 이전 개원한 의원들을 보면 외부에 노출되는 간판에는 진료과목을 피부비뇨기과로 해서 2개 영역을 전문으로 진료하는 곳이 많았다. 당시에는 비뇨의학과 환자들도 병원 가기를 기피해 수익성 감소로 인해서 2가지 영역으로 확대해 환자 숫자를 늘리기 위한 마케팅적 차원으로 생각된다.

그러나 2010년 이후 비뇨의학과의 개원한 곳을 보면 피부과를 진료과목으로 하는 곳은 소위 동네 상권 외에는 찾기 어렵고 비뇨의학과로 한정해 전문성을 부각한 곳이 많다. 특히 비뇨의학과의 전 영역을 담당하지만, 여러 진료영역 중에서 특화해 전문성을 부각하기 위해서 진료영역을 집중하는 곳도 나타나고 있다. 이렇게 비뇨의학과에 환자들이 찾고 개원이 증가하는 것은 사회적 인식의 변화도 있지만, 고령화와 움직이지 않는 현대인들이 증가하면서 성인병과 연관되는 비뇨의학과의 질환의 증가가 가장 큰 원인이다.

그렇다면 비뇨의학과가 개원하기 좋은 상권은 어떤 곳일까?

과거 비뇨의학과가 개원한 상권을 보면 대체로 도시에서 대표적으로 오래된 상권이나 대형 전통시장 인근에 분포도가 높았다. 최근 개원한 곳의 분포를 보면 동네 상권에서 비뇨기과 외에 피부과를 함께 진료하기 위해서 개원하는 것보다 전문영역으로 집중해 진료 및 치료를 하기 위해서 환자들이 접근하기 좋은 지하철 역세권의 개원 비율이 압도적으로 높고, 이외에 유통점이 집중된 지역이나 교통(노선-마을버스, 지선, 간선, 시외) 노선이 환승하는 지역의 개원 비율이 높다.

비뇨의학과의 의원의 규모는 평균적으로 165㎡가 많지만, 개원 콘셉트에 따라서 차이가 날 수 있다.

치과 개원 콘셉트 유형

치과(치과병원 포함)는 종별 의료기관 중에서 약 2만여 개가 개원하고 있어서 경쟁이 가장 치열한 종별 의료기관이다.

수술을 전문으로 하는 치과병원도 있지만, 개원의 대부분은 치과의원으로 개원 유형은 크게 3가지로 나타난다.

① 임플란트와 틀니 보철을 전문으로 하는 일반 치과
② 소아들을 주로 치료하는 소아 치과
③ 치아 교정을 전문으로 하는 치과

일반 치과의 개원 상권은 동네나 아파트 단지 내에 개원한 소규모 치과도 있지만, 경쟁이 치열해지면서 이동이 많은 지역 거점이나 중심상권, 역세권 개원이 증가하고 있는 것도 하나의 추세다.

치과 진료 특성이 장기간 시간이 필요하므로 대상 타깃 환자층이 반복적 내원이 용이한 경제적 활동을 하는 오피스가나 새로운 오피스타운으로 부각되는 지식산업센터 내의 지원시설 개원도 눈여겨볼 만하다. 따라서 개인 치과를 개원할 경우에는 지나치게 경쟁 치과가 많거나 향후 추가 진입 가능성이 크고, 저가 시술을 내세운 네트워크 치과들이 많은 지역도 주의해야 한다.

소아치과는 소아치과 전문의에 의해서 개원이 이루어지고,

평균 연령 30대가 거주하는 신도시나 택지지구의 상권 형성기에 진입하는 유형이 가장 많다. 다만, 소아치과로 진입할 경우 신도시의 경우라도 신규환자 유입이 정체될 가능성이 있는 지나치게 한정된 상권(항아리 형상권)보다는 상권 확장성이 큰 중심상업지역을 선택하는 것이 좋다. 또한, 지나치게 SNS 지역 커뮤니티가 강세인 지역에 개원해서 작은 클레임을 해결하지 못해서 어려움을 겪고 있는 분들도 있으니 지역정서에 대한 부분도 살펴야 한다.

교정치과의 경우, 표시과목으로 교정치과라는 명칭을 사용하는 교정치과 전문의들이 개원한다.

치아교정은 10대부터 이루어지지만, 비용이 고가이다 보니 경제활동이 시작되는 20대 직장인들의 이동이 많은 역세권이나 상업 지역이 유리하다. 치아 교정의 비중이 높은 특화된 치과의 경우, 개원 시점에 배후 세대가 많은 것보다는 배후 세대가 꾸준히 증가하거나, 확장성이 좋은 상권이 유리하다. 최근에는 치과교정 비용이 대폭 낮아지면서 경쟁과열로 교정치과 개원보다 일반 치과로 개원을 검토하는 교정치과 전문의들도 증가하고 있는 추세라고 한다.

치과 규모는 개원 유형마다 차이가 있고 개원 경쟁이 치열해지면서 대형화, 고급화, 공동개원이 증가로 전용면적 330㎡ 이상도 있지만 1인 개원의 경우 200㎡면 가능하다. 경쟁 과열로 과도한 투자로 대출을 감당하지 못하는 실패하는 사례가 증가하고 있어 개원의들은 주의를 기울여야 한다.

또한 과도한 홍보비가 지속해서 투자되어야만 효과를 낼 수 있는 상권도 많아지면서 홍보하는 시기와 그렇지 못한 시기의 매출 편차가 크게 나타나서 매월 임대료보다 더 많은 홍보비를 투자하는 치과들도 있다. 무엇보다 경쟁이 치열한 종별일수록 본인의 개원 환경에 적합한 상권과 투자 규모가 중요하다.

한의원 개원 콘셉트 유형

한의원 (한방병원 포함)은 메디컬 과목 중에서 치과 다음으로 많이 분포하고 있어서 그만큼 경쟁이 치열하다.

의원들은 전문의의 경우 전문의 취득 과목과 함께 진료가능 과목을 간판에 병기해 표기하지만, 범위가 제한적이지만, 한의원의 경우 한방적 진료와 치료를 한다면 제한을 두진 않는다.

개원 유형의 결정은 원장님들의 개원 콘셉트에 따라서 제한된 배후세대를 대상으로 하는 로컬형(동네상권)이거나, 여러 개의 로컬상권이 집중되는 지역 거점 상권, 도시의 규모에 따라서 도시 중심형으로 나뉠 수 있다.

일반적으로 로컬형의 경우 통증, 교통사고, 추나요법, 재활치료 등을 중심으로 하고, 지역 거점형의 경우 로컬형 진료과목과 특정 부위 특화형, 다이어트, 피부 관련, 이비인후과적 진료와 치료 비중이 높다.

이에 비해 도시 중심형의 경우 개원 콘셉트는 지역 거점형 콘셉트와 유사하고, 절대적으로 홍보에 의존해 경쟁도 치열하지만, 상권 확장성이 큰 지역에 개원하기 때문에 원장님의 실력과 홍보에 의해서 승패가 결정된다. 한의원은 상권별로 경쟁이 치열하다 보니 단독개원으로 인한 홍보의 한계를 느끼기 때문에 공통 상호를 사용하는 네트워크 한의원 비중도 높다.

네트워크 한의원의 경우 전국적으로 명성을 얻은 한의원의 경우 상호만으로 대표 진료과목을 환자들이 이미 알고 있다는 것이 장점뿐만 아니라 소속된 네트워크 원장님들과 진료과목에 대한 치료와 진료 노하우를 공유할 수 있다는 장점이 있다. 이런 점 때문에 경험을 쌓아서 네트워크 한의원으로 키우겠다는 목표가 있는 원장님들도 상호자체를 특화 진료과목을 중심으로 진행하겠다는 목표를 명확히 두고 상호를 정하는 비율도 높다.

한의원 개원 시 염두에 두어야 할 것은 진료과목에 따른 보험 적용 유무에 따라서 개원 규모가 차이가 있었다는 점을 인식할 필요가 있다. 특히 2017년 이후 자동차보험에서 한방병원 상급병원 입원실 이용이 급증하면서 30병상 이상의 입원실을 갖춘 한방병원뿐만 아니라 한의원에서도 입원실을 갖추는 게 개원 콘셉트로 나타났다. 다만, 이후 상급병원 이용 축소와 심사평가원이 평가심사를 엄격히 적용하면서 최근에는 한방병원의 어려움이 커지면서 한의원들의 대형화는 주춤한 상황이다.

한의원 상권의 경우 로컬형의 경우 주택가의 경우 동네 골목시장 초입이나, 아파트 근린상가가, 오피스가 밀집된 지식산업센터 등이 적정 입지이고, 지역 거점형의 경우 지역주민이 집중되는 지역 중심 상권이나, 전통시장, 신도시의 중심상업지역이 대표적 상권이고, 도시 중심 상권은 도시에서 대표적으로 인정한 중심지 상권을 의미한다(ex : 서울의 강남역, 잠실역, 부산의 서면, 대구의 반월당, 광주 상무지구 등이 해당된다).

한의원의 적정 면적은 입원실을 둘 경우, 330㎡ 이상을 선호하고 로컬과 지역 거점 상권에서 실속형으로 개원하려는 분들은 200㎡ 이상을 선호한다.

병의원 개원 콘셉트 결정

개원 콘셉트에 맞는 타깃환자 결정

개원을 준비하면서 상권, 입지를 선택하기 전에 어떤 콘셉트를 가지고 개원하고 운영할 것인지에 대한 방향을 정해야 한다. 개원 콘셉트에 따라서 다수의 상권, 입지 중에서 개원 콘셉트에 적합한 후보지를 선택하게 된다. 명확한 콘셉트를 정하면 상권, 입지 후보지 탐색이 쉽고, 개원 후 시행착오가 생겼을 경우에 방향 수정이 가능하지만, 콘셉트 결정이 제대로 되지 않았다면 시행착오가 발생했을 때, 수정이 어렵기 때문에 어려움에 직면하게 된다.

개원을 준비하면서 콘셉트는 본인의 전문 의료영역에 따라 결정하지만, 그 결정에는 대학, 수련병원, 봉직의를 하면서 만

났던 선후배, 동료들의 조언과 학회 세미나를 통해 성공과 실패 사례를 벤치마킹해 콘셉트를 정하는 게 일반적이다. 그러나 과거에는 선후배 동료들 사이에 서로 상권, 입지에 대한 자문을 했지만 현재는 경쟁이 치열하다 보니 같은 전공 소속이라 하더라도 직접적인 인연이 없다면 중복되는 상권, 입지라도 개원을 진행하기 때문에 과거와 같은 따뜻함은 사라졌다.

그렇다면 개원 콘셉트 중 타깃 환자는 어떻게 결정하게 될까?

① 타깃 환자 결정

타깃 환자 결정은 개원 콘셉트를 결정하는 핵심적인 문제로 어떤 환자를 주력으로 진료할 것인를 결정하는 문제다. 따라서 개원 콘셉트에 따라서 타깃 환자를 결정하는 것이 일반적이다. 그렇다면 개원콘셉트를 위한 타깃 환자 결정은 어떻게 결정하게 될끼?

- **본인 임상경험과 자신 있는 분야**
- **시장경쟁 환경**
- **현실적인 투자 여건**
- **주변의 자문 의견**
- **의료 수가**

② 유효 상권 범위

타깃 환자가 결정되면 검토할 다수의 상권 후보를 정하고, 각각 개원 시 영향을 미칠 유효 상권 범위가 어디까지가 될 것인지를 조사하게 된다. 특별한 경우를 제외하고 도심지에 개원하기 때문에 환자들이 유효하게 접근할 수 있는 상권 범위가 어디까지 영향을 미칠 것인지를 검토한다.

물리적 상권 범위가 아니라 과목에 따라서 상권에 접근하는 충성도가 다른데, 예를 들어 내과검진센터라면 상권 자체 경쟁력으로 집객시키는 환자를 50%로 본다면, 검진센터 경쟁력으로 집중시키는 힘을 50%로 놓고 검토할 수 있다. 이런 비율은 과목마다 상권환경과 의원의 경쟁력에 따라서 차이가 있다.

개원 상권에서는 상권 범위를 정할 때 일반적으로 직선 거리나 반경 등으로 정하는 것보다는 주민들의 생활에 따라서 정하는 행정구역을 기준으로 정하는 게 효과적이고 합리적이다. 반경이나 직선거리, 물리적 범위보다는 행정구역을 통한 상권 범위는 실제 주민들의 생활에 따라서 개편을 해와서 주민들의 생활 동선을 반영하기 때문에 개원 상권 범위를 이해하는 데 가장 효과적이다.

③ 상권의 인구 규모

상권 범위 내에 인구가 많을 경우 유효한 타깃 환자도 그만큼 많고 인구가 많은 지역에 일반적인 상권이 형성될 가능성이 크다. 어떤 업종이든 인구는 그만큼 중요하다.

④ 인구 구조

배후상권에 타깃 환자를 평가할 때 전체 인구 규모뿐만 아니라 진료과목에 맞는 인구 유형이 거주하고 있는지에 관한 판단도 중요하다. 즉, 얼마나 많은 인구가 거주하는지도 중요하지만 타깃 환자에 맞는 인구가 얼마나 많이 거주하는지가 중요하다.

인구의 노령화, 출산율 저하, 가족의 해체로 신규 환자의 의료기관 방문도 차이가 발생한다. 즉, 일상적인 검진, 병증의 발현, 삶의 질을 높이는 과목들의 의료기관 방문 빈도에는 인구 구조에 따라서 차이가 발생한다.

인구 구조의 대표적인 평가 기준은 세대당 인구, 평균연령, 연령 구간 단위 인구수, 일정 기간(5년, 10년 단위)의 인구의 동태적인 변화 추이다. 인구 구조에 대한 설명은 후면에서 다시 설명한다.

⑤ 소득 수준

배후 인구의 소득 수준에 따라서 비보험계열만 타격을 받을 것으로 생각하지만, 소득 수준이 떨어지면 보험 과목 진료도 기피하게 되어서 내원율이 떨어진다. 비급여 진료 유형이 증가하면 배후 인구의 소득 수준은 상권 선택에서 중요한 요소가 되었다.

지역에 따른 소득 수준에 대한 일정한 기준이 없어서 상권 조사에서 평가하기 어렵지만, 저희가 사용하는 방법은 아파트 유형과 면적을 부수적으로 사용한다.

⑥ 주거 형태에 따른 분류

우리 주거 형태는 크게 단독주택, 다가구주택, 다세대주택, 아파트로 분류하는데, 주거 형태에 따라서 거주하는 사람들도 다르고 소득도 다르다. 특히 아파트의 경우 면적, 브랜드 유무, 단지 세대수, 입주 시기에 따라서 상권형성도 달라지고, 임대 아파트의 경우 유형에 따라서 지역 내 소비가 정상적인 경우도 있지만, 소비가 제대로 일어나지 않거나, 거주지가 아닌 다른 상권에서 소비하는 사례도 있다. 따라서 주거 형태에 따라서 입주자들이 차이가 발생하므로 주거 형태도 타깃 환자 결정에 중요한 평가 요소다.

타깃환자를 평가할 때 사용하는 상권 범위와 인구의 규모, 질, 주거 형태에 대한 내용은 이곳에서 개괄적으로 언급했는데, 후면에서 좀 더 세부적으로 다루려고 한다.

개원 콘셉트 결정에서 진료 콘셉트 결정의 중요성?

개원한 뒤 매출은 환자들이 지불하는 의료비와 건강보험심사평가원에 청구해서 받는 진료비를 통해서 실현된다. 전적으로 환자들이 지불하는 유형을 비보험환자라 하고, 환자들이 일정부분을 부담하고 나머지는 건강보험심사평가원에서 지급하는 유형을 보험 환자라 한다.

보험 지급을 결정하는 건강보험심사평가원은 진료가 적정했는지를 따져서 진료비 지불할 것인지를 결정하지만, 이때 건강보험심사평가원에서는 과잉진료로 보험료 지급을 거절하기도 한다.

부담액의 평기 기준은 보험 과목의 경우에도 어떤 처방을 하는지에 따라서 비보험이 적용되기도 하기 때문에 이것을 평가하는 기준은 전문영역으로 비의료인인 필자가 평가하긴 부적절해 더 이상 언급은 하지 않겠다. 다만, 개원 시 방문하는 환자들에게 질환과 케이스별로 어떤 매뉴얼에 따라서 진단-검사-치료를 할 것인지는 무엇보다 중요하다. 케이스별 매뉴얼은 건강보험심사평가원에 의료비 청구뿐만 아니라 심심치 않게 발생하는 의료사고로 분쟁에 대비하기 위해서도 필요한 항목이다. 또한, 개원할 병의원의 진료 콘셉트와 매뉴얼이 명확하다면 타깃 환자에 집중해 상권을 탐색하는 데에도 도움이 된다. 그렇다면 진료 콘셉트와 매뉴얼을 좌우하는 요소는 무엇으로 결정될까?

① 대표 진료, 치료 과목은 무엇으로 할 것인가?

개원의의 이전 경력에 따라서 좌우되지만, 의료 환경 변화와 수익성이 높은 진료 과목을 학회, 세미나, 선배 의료기관을 통해 배워서 대표 진료 과목으로 채택하는 경우도 있다. 대체로 환자가 가장 많은 대중적인 질병을 대표로 내세우고, 비급여 환자는 수익성이 높은 진료 과목을 대표 진료 과목으로 채택하는 것이 일반적이다.

② 진료, 치료의 콘셉트 매뉴얼은?

보험 진료의 경우, 건강보험심사평가원의 심사가 까다로워지고 비보험 진료라고 하더라도 환자들의 요구 조건 또한 까다로워지고 있다.

개원 시 병의원에서 다루는 질환과 진료에 따라서 각 케이스별 어떤 매뉴얼대로 검사-진단- 치료를 진행할 것인지를 정하는 것이 필요하다. 물론 모든 것이 매뉴얼대로 진행되지 않지만, 이 매뉴얼에 따라서 환자를 대한다면 예기치 않은 사고나 분쟁에서 대응이 쉽기 때문이다. 개원 콘셉트 결정에서 진료와 치료 콘셉트는 환자와 건강보험심사평가원의 의료비 청구에서 필요할 수 있지만, 무엇보다 진료와 치료 콘셉트를 어떻게 할 것인지 정리해보면 어떤 상권에서 어떤 환자를 대상으로 할 것인지가 명확해지기 때문에 상권 입지 선택에서도 필요하다.

개원 콘셉트 결정에서의 문제점

개원 콘셉트를 결정할 때 가장 많이 이용하는 방법은 같은 대학이나, 함께 수련의 과정을 거쳤던 선배나 동문이 개원했던 병원을 벤치마킹하는 사례가 가장 많다. 그러나 벤치마킹하는 병의원과 선배 원장님들의 상황과 본인의 상황이 다르기 때문에 벤치마킹해서 콘셉트를 결정하는 데에도 문제점이 발생한다.

다음은 벤치마킹을 통해서 콘셉트를 결정할 때 발생할 수 있는 문제점을 정리해보았다.

① 투자비 절대 부족

벤치마킹하게 될 병의원의 상권 콘셉트를 따라가기 위해서는 공간 면적, 장비, 시설, 인테리어에 그 벤치마킹할 병원과 비슷한 정도 투자가 필요하다. 자금의 한계로 인해서 투자가 이루어지지 못하면, 경쟁력을 확보하기 어려운 경우가 많다.

상권, 입지 선택에서 실패하는 많은 분이 처음에 높은 임대료와 과도한 권리금을 지불하고 벤치마킹 병의원에 부합하는 상권, 입지를 선택했지만, 상권 내 다른 경쟁 병의원을 따라가지 못해 주저앉는 경우가 많다는 것을 명심해야 한다. 따라서 벤치마킹을 한다면 그에 맞는 충분한 투자비가 확보되었는지를 고민해봐야 한다.

② 충분한 임상 경험과 의료진의 실력

많은 예비 원장님들과 상담을 해보면 모두 자신의 실력이 1등이라고 이야기하지만, 실제로 그런 경우는 많지 않다. 본인보다 더 뛰어난 경쟁자는 어디든 넘쳐난다는 것을 염두에 두고 준비해야 한다. 개원 이후 좋은 시설과 공간을 확보했다 하더라도 결국, 의료진의 실력에 의해 병원의 경쟁력은 큰 차이를 보인다.

③ 충분한 인력 배치

로컬형 상권의 경우, 의사 1인을 중심으로 간호와 행정 인력을 필요로 하지만, 거점형 상권의 경우 과목과 규모에 따라 추가적인 의료 인력과 간호, 행정 인력 외에 각각의 자격요건을 갖춘 전문 인력을 필요로 하게 된다. 병원의 콘셉트가 결정되었다면, 정상적으로 운영할 수 있는 인력 확보 계획을 세워야 한다. 이는 무엇보다 중요하다. 개원 시 어떤 유형을 막론하고 의료 임상 실력 못지않게 직원들의 환자 응대 서비스가 적절히 이루어지지 못해 조기 정착에 애를 먹는 경우가 많다.

따라서, 성공적인 개원을 위해서는 시설, 인력 못지않게 직원들의 환자 대응 서비스에 대한 교육이 필요하다. 벤치마킹을 하더라도 본인의 상황을 정확하게 인식하고, 그것에 맞게 벤치마킹계획을 세워야 한다.

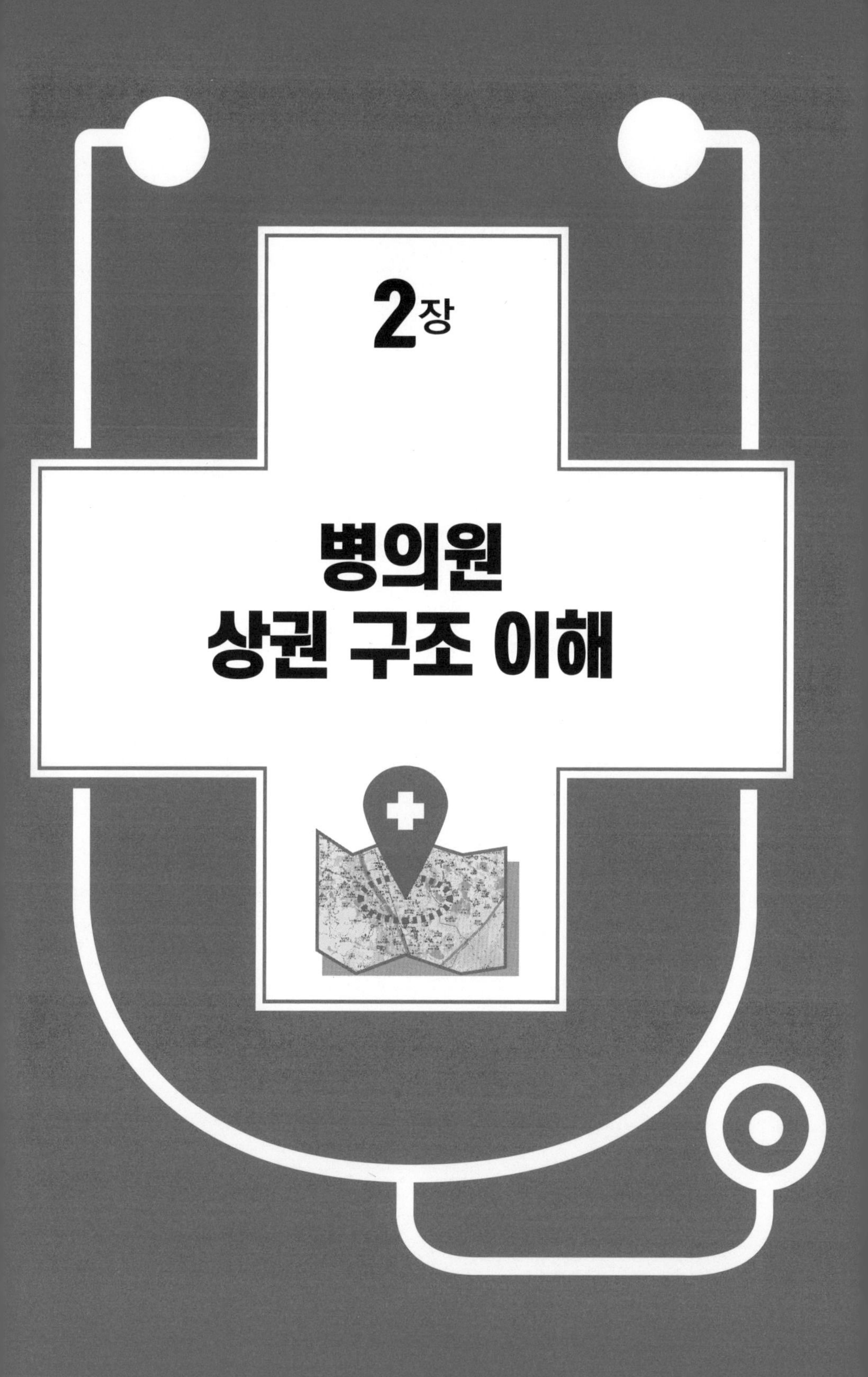
2장
병의원
상권 구조 이해

디지털 지도를 활용한 병의원 상권 구조 이해

병의원 개원 상권, 입지 조사를 하면서 상권 구조 및 상권 범위 설정을 위한 가장 효과적인 도구는 카카오와 네이버, 구글 지도 서비스다.

인터넷 지도를 상권 조사에 활용하기 시작한 것은 불과 10여 년 전으로, 그 이전에는 불편하지만, 책으로 된 지도나 부동산 중개업소에 걸려 있는 지역의 부분 지도를 활용하는 데 그쳤다. 그러나 스마트폰이 대중화되면서 GPS가 결합된 카카오(다음), 네이버, 구글 지도가 서비스되면서 현장 상권 조사는 시공간을 초월할 정도로 편리해졌다.

지도 서비스는 행정 통계 자료, 지방행정 단위, 상권정보시스템, 현장 조사와 함께 사용할 때 효용성이 더욱 증가한다. 필자 역시 상권 조사를 진행할 때, 현장 조사 및 통계 자료와 함께 가장 많이 사용하는 것이 네이버와 카카오 지도다.

이 책에서는 지역 상권 구조와 흐름에 대한 비교를 하면서 디지털 지도를 활용하는 방법에 대해 여러 번 언급할 것이다.

그럼, 카카오 지도 서비스를 활용해 상권 조사에서 어떤 점을 확인할 수 있는지를 설명하겠다.

① 상권 범위 설정

위성 서비스의 지형, 지물, 거리 개념이나 전체적인 상권 구조를 이해하는 데 지도 서비스가 가장 유용하게 이용된다.

강남역 일대의 병의원, 약국 분포도

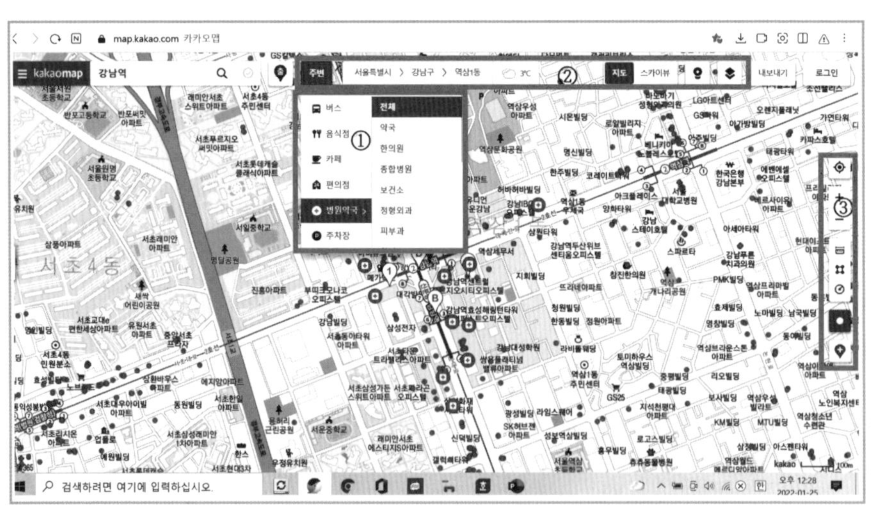

①: 지도, 지적, 로드뷰 ②: 상권 주변 현황분포 ③: 상권 내 거리
출처 : 카카오 지도 서비스

② 배후 세대 분석

네이버나 KB의 부동산 정보를 활용하지만, 아파트의 경우 단지별 아파트 현황은 지도상에서도 나타나기 때문에 대략적인 판단을 할 수 있어서 유용하다(아파트 세대수, 동수, 아파트 층수, 면적, 입주 시기 등에 대한 정보). 부동산 정보와 병행할 때 효과적이다.

③ 일정 권역 내 주택호수 조사에도 사용

밀집도를 통해서 대략적인 주택 호수를 추정할 수 있다.

④ 도로명 지도 활용

도로명을 붙이는 순서와 도로 중심 지도의 번지수 부여 상황을 통해 상권 흐름을 파악할 수 있다.

⑤ 노선버스 파악

노선 숫자와 경유 노선을 통해서 고객 유입 지역 및 방향을 파악하는 데 유용하다.

⑥ 병의원 분포 현황

경쟁을 하게 되는 과목의 병의원, 치과, 한의원 분포뿐만 아니라, 상권 내 병의원이 집중된 입지를 확인할 수 있다.

⑦ 경쟁 병의원까지 거리 측정으로 입지의 우위성 판단

거리 재기 기능을 통해서 선택입지까지의 거리를 측정할 수 있고, 이를 통해 상권 내 입지 경쟁력이 있는 곳이 어느 곳인지 확인할 수 있다.

⑧ 로드뷰를 통한 과거와 현재 상권, 업종 변화

상권 내 업종과 도로 변화를 통해서 상권 이동과 변화를 추정하는 데 도움이 된다.

⑨ 건물 및 점포 규모, 전면 넓이 측정 가능, 건물 점포의 외관 모양 추정

지도 서비스의 로드뷰, 스카이뷰, 거리 및 반경, 면적 재기 기능을 통해 건물의 외관과 규모까지 추정할 수 있게 되었다.

⑩ 업종(아이템) 분포 현황 및 상권 지도 작성 가능

상권 내 주요 업종의 분포와 상권과 입지의 활성도 및 집객력을 통해서 경쟁력 유무를 확인할 수 있다.

다음은 주요 업종 분포를 통해 선택 상권의 병의원 상권 조사에서 참고할 수 있는 사항이다.

- **카페(제과점, 아이스크림, 기타 카페)**

도심 상권에서 카페 분포가 집중된 곳은 유동 인구가 집중되는 입지로, 집객 효과가 크다. 특히, 메이저 커피 전문점이나 카페 분포가 높은 곳은 상권 내 인지도가 높아 전문 과목별 의원과 한의원, 치과들이 밀집된 곳이 많다.

• 주차장

공영, 공용, 환승 주차장이 있는 곳은 차량을 이용하는 환자들의 방문이 용이하다. 지역 내 병의원이 집중된 근린 생활 시설의 경우, 주차장 조건이 열악하기 때문에 인접한 곳에 주차장이 있다면 입지의 장점으로 작용한다.

• 마트, 슈퍼

동네 상권의 생활 동선을 파악하는 데 도움이 되지만, 이커머스 비중이 커지면서 최근에는 지역 내 마트, 슈퍼 폐업률이 높다는 점을 염두에 두어야 한다.

• 은행

은행 분포는 지역 내 의료 상권과 겹치는 것이 일반적이다. 시중은행의 경우 거점 상권에 위치하므로, 거점형 병의원, 치과, 한의원 입지 선택에서 참고할 만하고, 지역은행(지역농협, 신협, 새마을금고)의 경우, 지역 상권에 지점이 위치하므로 로컬형 병의원, 치과, 한의원 상권 선택 시 참고할 만하다.

· **관공서**

지역 내 공공기관은 주민들에게 인지성이 높기 때문에 관공서의 입지와 인접한 곳에 위치할 경우 홍보에 용이하다. 다만, 최근 새롭게 이전하거나 신설되는 공공기관의 경우, 도보 접근성이 어려운 지역에 위치할 때가 많기 때문에 참고사항으로만 활용해야 한다.

지방행정체계는 의료 상권 범위 설정의 기본 단위다

병의원 개원을 위한 상권 후보지를 선택하기 위해서는 지방행정체계를 이해할 필요성이 있다. 또한, 각 의료 과목별 상권의 조건은 다르겠지만 의원, 치과, 한의원의 이용 패턴이 주민 생활 동선 동선에 따라서 결정된다는 것을 이해할 필요가 있다. 이런 기본적인 주민들의 생활 편의에 따라서 구분된 상권 단위가 우리의 지방행정체계를 기반으로 하기 때문이다.

우리나라의 지방행정체계는 일부 도시의 행정구역 간 경계가 불분명한 곳도 있지만, 국민의 생활 편의를 기준으로 지방행정체계를 개편해왔다.

2019년 12월 31일의 지방행정체계 개편에 따른 대한민국 지방행정체계는 다음의 표와 같다.

2019년 12월 31일 기준 지방행정조직

구분		시·군·구				행정시, 자치구가 아닌 구		읍·면·동				출장소			
		계	시	군	구	시	구	계	읍	면	동	계	시·도	시·군·구	읍·면
계(17)		226	75	82	69	2	32	3,491	230	1,182	2,079	80	7	13	60
특별시	서울	25			25			424			424				
광역시	부산	16		1	15			206	3	2	201	1		1	
	대구	8		1	7			139	6	3	130	2			2
	인천	10		2	8			154	1	19	134	6	1	1	4
	광주	5			5			95			95				
	대전	5			5			79			79				
	울산	5		1	4			56	5	7	44				
특별자치시	세종							19	1	9	9				
도	경기	31	28	3			17	543	37	103	403	8	1	5	2
	강원	18	7	11				193	24	95	74	8	2		6
	충북	11	3	8			4	153	16	86	51	3	3		
	충남	15	8	7			2	207	25	136	46	4			4
	전북	14	6	8			2	243	15	144	84	1		1	
	전남	22	5	17				297	33	196	68	26		1	25
	경북	23	10	13			2	332	36	202	94	14		1	13
	경남	18	8	10			5	308	21	175	112	7		3	4
특별자치도	제주					2		43	7	5	31				

지방행정체계는 먼저 특별시, 광역시, 도가 17개이고, 기초자치단체인 시, 군, 구가 226개(시 75개, 군 82개, 구 69개)이며, 제주특별자치도 도지사가 임면권을 갖는 제주시와 서귀포시의 2개 행정시가 있고, 선출직이 아닌 시장이 임면권을 갖는 행정구가 32개다. 다음으로 최말단 행정조직인 읍, 면, 동은 3,491개(읍 230개, 면 1,182개, 동 2,079개)다. 마지막으로 주로 관할 지역이 넓은 경우 보조적으로 설치하는 출장소 80개(시도 7개, 시군구 13개, 읍면 60개)를 두고 있다.

여기에서 말단 행정조직인 행정동은 도시 지역에 설치하고, 인구 규모는 주거 지역의 경우, 지역에 따라서 큰 편차가 있지만, 1~3만 명 전후로 구성된다. 이에 비해서 읍 단위는 수도권 인근이나, 일부 지역의 경우 1만 명을 넘어가지만, 지방의 경우 기초지방자치단체 군청이 소재한 지역 외의 읍 단위는 1만 명이 채 되지 않는 곳이 대부분이다. 마지막으로 면 단위 역시 수도권 인근을 제외하고 지방으로 갈수록 전체 인구가 1,000명이 채 되지 않는 곳이 많고, 이조차도 소비력이 취약한 60대 이상이 50% 이상을 점유하는 곳이 많다.

말단 행정조직인 읍, 면, 동은 행정조직이자 주민 생활의 근접 소비 지역으로 1차 상권을 구성하는데, 이 중 지방 시, 군 지역의 아래에 있는 읍과 면은 군 단위 상권이나 시 단위의 행정동 상권에 흡수되는 경우가 많아 넓게는 수 킬로미터에서 10km가 넘어가는 상권 범위를 이루는 지역도 상당수다. 물론 도시의 상업 지역의 경우 행정동 하나에 몇 개의 상권이 구성되기도 하지만, 행정동 몇 개가 중복되어 하나의 상권이 형성되는 동네 상권 또한 만만치 않은 숫자다.

지역 단위 1차 상권은 말단 행정체계인 읍, 면, 동을 기준으로 상권을 분류한다면, 국내 상권의 숫자는 도시 지역 행정동과 군 단위의 하부 읍, 면의 경우, 하나의 상권에 흡수된다고 이해할 필요가 있다.

이를 종합하면 가장 많은 분포를 보이는 치과와 한의원을 고려한다고 하더라도 국내에서 가능한 병의원 상권은 행정동과 읍 지역을 합친 약 2,000개 초반의 상권에서 경쟁한다고 볼 수 있다. 결국, 2,000개가 조금 넘는 상권에서 병의원 개원을 위해서 동네 상권, 지역 거점, 도시 상권을 형성한 상황에서 경쟁하고 있다는 이야기다.

국내 병의원, 치과, 한의원들이 개원한 상권 유형을 보면 타깃 환자들의 생활 기반 접근성에 따라서 개원한 특징을 지니고 있다. 또한, 경쟁 의료기관들의 현재와 미래 분포를 예상하고 미래 도시 발전의 영향력을 감안해 최소 5년 병원급으로 갈수록 규모와 투자 비용이 클수록 길게는 수십 년 앞을 내다보고 개원을 하게 된다. 이런 행정체계를 이해한 후, 여기에 거주하는 인구와 타깃 환자 층을 검토하게 된다.

병의원 개원을 위한 상권 선택을 위해서는 주민 생활 동선을 기준으로 구분된 지방행정체계를 이해해야만 상권도 쉽게 이해할 수 있다.

병의원 상권 구조 이해

우리 상권은 도시에 인구가 집중되고 도시계획상 토지의 용도 지역 구분에 따라서 구분되기도 하지만, 오랫동안 도시가 발전되는 과정에서 비정형적으로 발전해왔다.

개원시장에서 병의원, 한의원, 치과들은 병원급 이상이나 특화된 질환을 전문으로 하는 병의원이 교외 지역에 개원하는 사례도 있지만, 1인이나 2~3인 공동개원 형태로 도심이나 신도시 상권에서 개원한다.

개원을 위한 선택 상권에서 상권 조사를 진행할 경우, 첫 번째 작업은 선택 상권의 구조에 대한 이해다. 이것은 우리 도시 상권이 별개의 상권 같아 보이지만 모두 인접해서 경쟁하고 있기 때문에 개원을 하든, 현재 운영 중이든 경쟁 상권이 어떻게 형성되고 있는지를 알아야 한다.

이런 인접 상권과의 관계를 이해하기 위한 작업이 상권 구조 이해다. 도시 상권에서 상권 구조를 결정짓는 요소들은 여러 가지가 있지만, 대표적인 항목 몇 가지를 살펴보면 다음과 같다.

전통적인 상권 구조

지금도 그렇지만 과거 병의원은 전통시장에 인접한 로드 상가에 상권이 형성된 곳이 많았다. 이것은 상설시장, 오일장을 막론하고 시장이 형성된 곳이라면 어떤 곳이든 그렇다. 전통적인 상권 구조에서 시장 내부는 쇼핑 기능, 전면도로는 의료, 금융, 업무로 상권이 구성된 것이 일반적이기 때문이다.

지금은 시장 기능이 대형마트와 코로나 이후, 온라인 쇼핑이 담당하는 비중이 압도적으로 커졌지만 1990년대 이전까지는 전적으로 시장에서 주민들의 모든 생활이 이루어졌기에 의료 상권의 형성은 당연한 상황이었다. 따라서 도시 상권에서 전통시장 상권을 이해하는 것은 병의원 상권, 입지를 이해하는 데 도움이 된다.

전통시장 상권은 시장의 규모에 따라서 개원 병의원의 환자들이 거주하는 상권의 범위가 넓고, 이것은 시장의 활성화 여부, 개원 병의원 역사와 전문성과도 연관된다.

그렇다면 상권 규모에 따른 전통시장 상권을 어떻게 분류하는 게 좋을까?

① 도시형 시장

도시의 대표 시장으로 수십 년의 역사를 가지고, 도시의 원도심 중심을 형성했던 시장이다. 도시 전체 주민뿐만 아니라, 인접 도시, 나아가 외부에서도 시장을 인지한다.

도시형 전통시장은 도시의 의료, 패션, 금융, 업무, 유흥, 식음료 상권의 중심지인 일번가 상권과 연결되는 곳이 대부분이고, 서울의 경동시장, 영등포시장, 성남·안양의 중앙시장, 의정부 제일시장 등이 이에 해당된다.

지금도 잘 발달된 도시형 전통시장 인근에는 중·장년층이 집중되기 때문에 이들을 대상으로 하는 정형외과, 마취통증의학과, 재활의학과, 검진 내과, 신장 내과 비뇨기과, 한의원 등의 과목의 경쟁이 치열하고 , 안과는 중·장년층의 안과질환 증가로 비교적 환자층이 안정적인 과목이다.

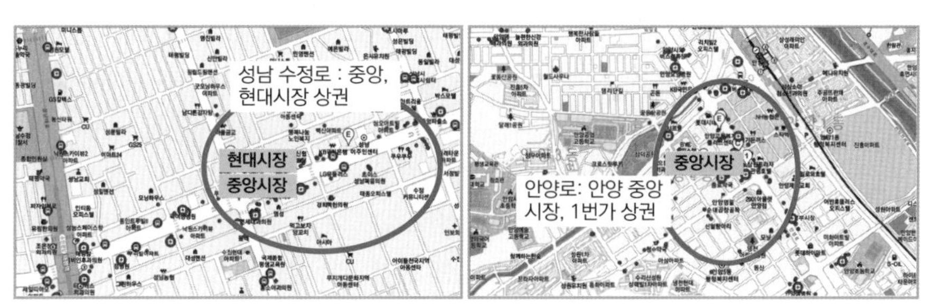

좌측 : 남중앙시장과 현대시장 앞 수정로 병의원 분포도
우측 : 안양 중앙시장과 안양 1번가를 배후로 둔 상권

② 거점형 시장

행정동 3~4개나 도시의 일부, 자치(행정)구 주민들의 이용률이 높은 시장을 말한다. 서울 강서구의 까치산시장, 구로구 구로시장, 군포시 산본시장 등이 지역의 거점형 시장에 해당된다. 시장은 중·장년층이 많기 때문에 도시형 상권의 개원 과목과 유사한 측면이 있다.

③ 동네 골목시장

행정동 1~2개로 약 200m 이내의 단일 골목형 시장이 대부분이다. 지역 주민들이 가벼운 차림으로 시장을 볼 수 있는 게 매력이다. 기존 도시 지역 주택가 상권으로 주거 비중은 반경 500m 안에 다세대주택, 다가구주택, 단독주택과 아파트의 비중이 6:4 정도면 좋은 조건이다. 일반적으로 골목형 전통시장 인근은 원도심 주거 중심 지역으로 아파트보다 다세대주택, 다가구주택, 단독주택의 비중이 높을 수밖에 없지만, 최근 재개발의 증가로 아파트 비중이 증가하는 추세다.

지역 상권의 다양한 상권 구조 사례

① 지역 상권 유형 – 금천구 시흥동 은행나무 상권

서울 금천구의 대표적인 항아리 상권 지역으로 시흥2동과 시흥5동 1만 7,000여 세대 대부분이 이용하는 상권으로, 은행나무 골목시장과 금하로 및 골목 상권에 잘 구성된 지역이다.

이 지역 일차적인 병의원은 에벤에셀프라자 주상복합상가에 집중되어 있는데, 내일내과(전문의 6명 근무)뿐만 아니라, 이비인후과, 재활의학과, 산부인과, 소아·청소년과, 치과가 있고, 이곳 상권의 주요 병의원은 에벤에셀프라자를 중심으로 개원하고 있다.

시흥동 은행나무 상권에서 개원을 검토하고 있다면 상권 내의 동종 과목과의 경쟁 관계뿐만 아니라 이곳 상권에서 불과 780m 떨어진 지역 거점 상권인 시흥사거리 상권의 동종 병의원과도 경쟁 분석이 필요하다.

또한, 가장 인접한 대학병원인 한림대 강남성심병원, 고대구

금천구 시흥동 은행나무 상권 구성도

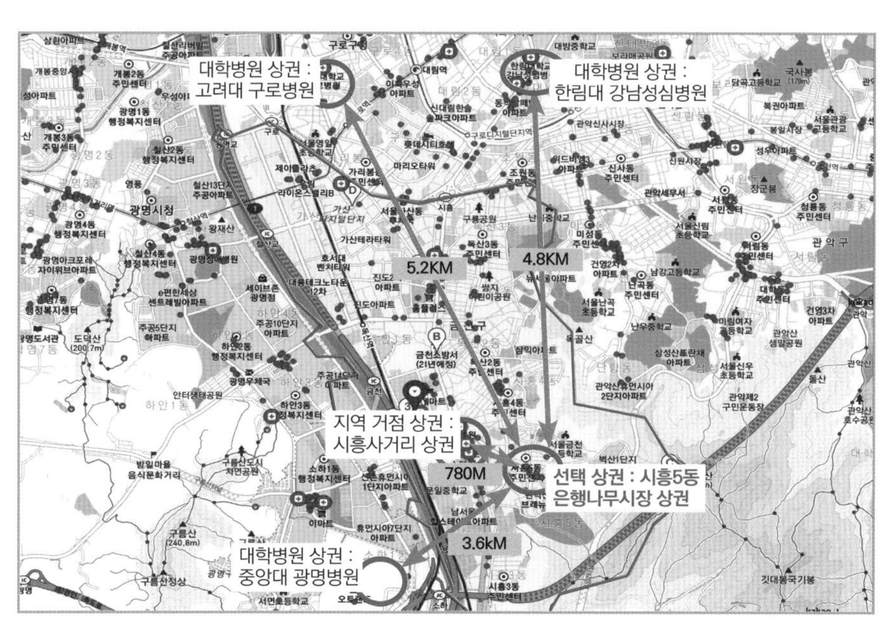

로병원, 중앙대 광명병원과의 관계와 이 범위 안에 위치한 동종의 특화 병의원이 있다면 함께 검토해야 한다.

② 도시계획형 상권 구조

대표적인 도시계획형 상권은 신도시 상권이다. 높은 토지 비용과 난개발된 도심 지역은 비용 문제로 더 이상 개발과 주거지 확보가 어렵게 되면서 국가나 지방자치단체는 새로운 택지를 조성해 신도시를 개발하게 된다.

이때 도시 설계를 하면서 아파트와 단독주택 같은 주거지뿐만 아니라 도시 내에는 신도시의 자족 기능을 위한 업무 및 복합단지, 상가 중심의 중심 상업 지역과 준주거 지역, 주거지 인근에 근린 생활 시설을 배치하고 용지 비율을 나누게 된다.

일반적으로 신도시 지역의 의료 상권은 주거지 중심에 근린 생활 시설이나 일반 상업 지역에 일차적인 의료 상권이 형성되고, 중심 상업 지역에 도시 전체 주민들이 접근하는 이차적 의료 상권이 형성된다.

이런 경우, 신도시 주민들의 의료 상권 이용 패턴은 주거지가 인접한 근린 상권을 이용하지만, 시설과 인테리어, 의료 인력이 잘 갖추어진 중심 상권에 동종 과목을 개원하면 환자들은 근린 생활 시설 상권보다는 중심 상권으로 이동할 수도 있다는 점을 인식해야 한다.

신도시에는 도시의 안정성을 위해서 자족 시설인 지식산업센터나 대형 오피스 복합 시설이 진입하게 되는데, 이곳은 해당 건물 및 인접 건물 상주 인구를 대상으로 하는 의료 과목(한의원, 치과 중심)을 제한적으로 개원하는 게 일반적이다.

ⓐ **미사강변도시 상권 구조**

하남 미사강변도시 상권 구조는 도시 중심에 중심 상업 지역이 배치되고, 남북으로 각각 하나의 일반 상업 지역이 배치되며, 주변부에 고덕강일2지구 항아리 상권에 의료 상권이 형성된다. 다음은 하남 미사강변도시의 상권 구조다.

미사강변도시 상권 구조

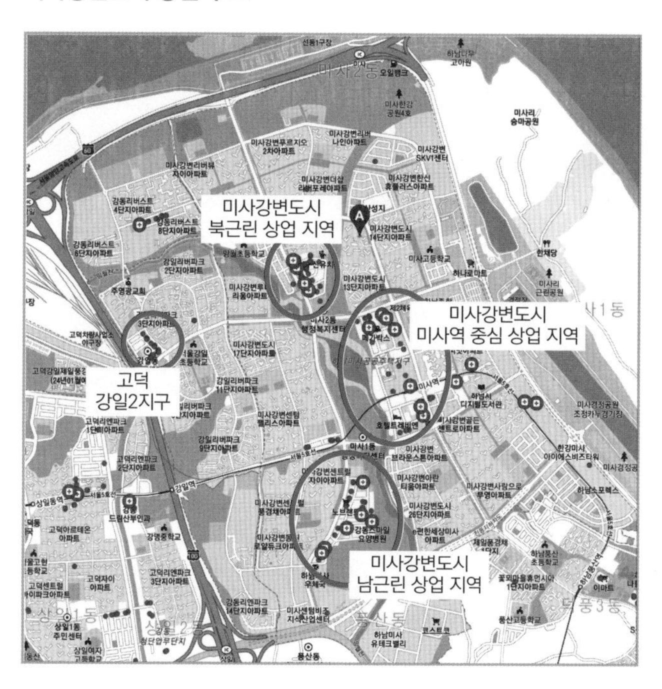

미사강변도시 남쪽과 한강변 쪽으로 자족 시설인 지식산업센터가 배치되어, 건물 내에는 상주자를 대상으로 제한적으로 한의원, 치과를 중심으로 개원하고 있다.

ⓑ 위례신도시 상권 구조

위례신도시는 하나의 행정동 명을 3개 도시(송파구 위례동, 성남시 수정구 위례동, 하남시 위례동)가 사용하면서 별도의 도시 경계를 가지지만, 상권은 위례신도시라는 단일 상권으로 구성된 신도시다.

위례신도시 상권 구성도

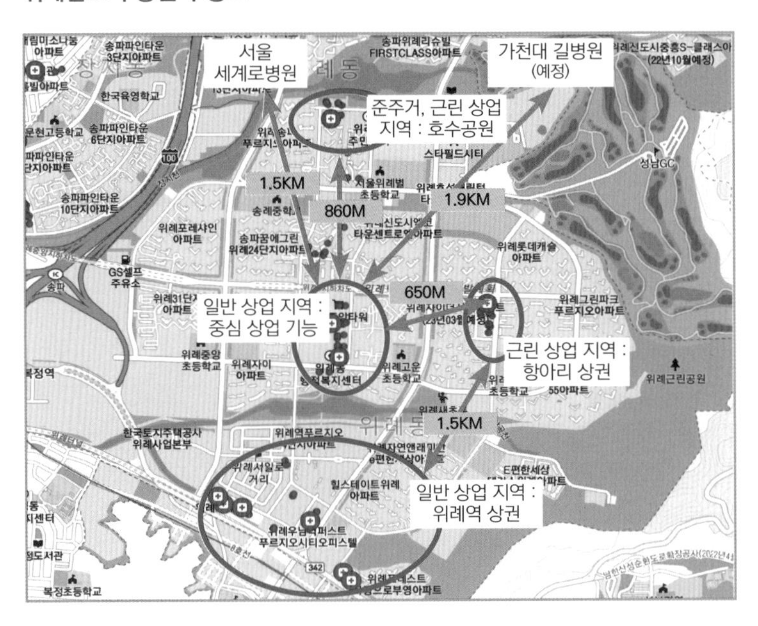

앞의 상권 구성도를 보면, 상권은 3개 도시 경계를 불문하고 거주 지역 주민들은 인접한 근린 상권을 이용하지만, 상권은 위례중앙광장과 위례역 개통 이후는 위례역 상업 지역의 영향을 받을 수밖에 없는 구조다.

예를 들어, 위례신도시의 대표 항아리 상권인 동쪽 근린 상업 지역은 성남시 수정구 위례동이지만, 이 상권은 근린 상업 지역 맞은편 하남시 위례동 주민들이 이용하고, 위례중앙광장의 광장의 경우 남쪽은 성남시 위례동, 북쪽은 송파구 위례동과 하남시 위례동으로 나뉘지만, 행정동으로 상권을 나누는 것은 의미가 없고 단일한 위례신도시 상권으로 보면 된다. 이런 상권 패턴은 병의원 이용에서도 같은 패턴을 보인다.

위례신도시의 경우, 개발이 완료된 호수공원(장지천) 남쪽에 비해 북쪽 북위례 상권은 아직 진행 중이다. 북위례에는 준종합병원급인(정형외과 중심) 서울세계로병원이 있고, 대학병원인 위례 가천대 길병원이 오픈 예정이다. 북위례 병의원 상권의 영향력은 이 두 병원에 의해서 좌우될 것으로 예상하는데, 이는 위례신도시뿐만 아니라 하남시와 송파구, 성남시 수정구 전체에 영향을 미칠 것이다. 이런 현상은 병의원 상권은 근린 상권 → 상업 지역 → 전문병원, 대학병원으로 선택 범위가 확대되기 때문이다.

즉, 신도시에 개원을 검토할 때는 근린 상권에 개원하더라도 경쟁 관계에 있는 근린 상권뿐만 아니라 인접한 중심 상업 지역과 전문병원과 대학병원의 영향권도 염두에 두고 함께 검토해야 한다는 것이다.

이런 상권 구조는 신도시의 대표적인 사례지만, 도시 상권의 일반적인 형태로 동일 상권만이 아니라 영향을 미치는 인접 상권에 대해서도 이해해야만 제대로 된 상권 평가를 할 수 있다.

도로는 모든 상권 구조의 뼈대와 같다

부동산에서는 '국토계획 법률에 따른 지역지구, 토지이용계획원'에 따라서 도로를 표기한다.

도로의 종류에는 차선에 따라서 소로(2차선) ＜ 중로(4차선) ＜ 대로(6차선) ＜ 광로(8~10차선)로 구분하고, 각 도로의 폭 넓이에 따라서 1류 ＞ 2류 ＞ 3류로 구분한다. 상권에서 도로는 뼈대와 같은 역할을 하고 이 도로를 따라서 상권이 형성된다.

도시 상권 구조는 중심도로(8차선 전후)를 주거지 중앙이나 전면을 가로지르는 형태로 배치하고, 중심도로에서 주거지 방향으로 4차선 전후의 여러 개의 지선도로가 연결된다. 병의원 상권은 지역형은 주거지에 인접한 4차선 도로변에 형성되고, 지역거점형은 여러 개의 도로가 합류되는 중심도로에 개원하는 것이 일반적이다.

또한, 지역의 상권 중심 도로인 8차선(지역에 따라서 6차선) 이상 도로가 도시 중심을 관통하거나, 광역시의 경우 2개 이상의 자치(행정)구를 관통하는 도로의 경우, 상권이 중요부에 거점형상권을 형성하고, 여기서 분기되는 도로가 6차선 〉 4차선으로 좁아지면서 로컬 상권이 형성된다.

일반적으로 4차선 미만이라면, 도시 지역에서 로드 의료 상권으로서는 상권 확장성이 떨어져 개원 경쟁력이 낮아지는 게 일반적이다.

① 노원구 동일로 상권

대표적인 도시의 상권 중심 도로를 들면, 서울이라면 양주시에서 영동대교북단까지 이어지는 동일로의 경우, 노원구를 관통하면서 노원역을 중심에 두고, 북으로 마들, 수락산역, 남으로 중계-하계동-공릉, 태릉입구역 상권으로 연결된다.

노원구 상권은 동일로와 7호선 지하철 역세권에 겹치는데, 수도권뿐만 아니라 지방광역시의 경우에도 지하철이 운행되는 도시는 상권 중심 도로의 지하에 지하철이 운행되어 도로와 지하철 영향에 의한 지하철 역세권이 함께 형성되는 경우가 많다.

대표적으로 3호선이 관통하는 일산(중앙로), 수인분당선이 관통하는 성남(성남대로)은 도시 중심도로 지하에 지하철이 지나기 때문에 도로와 지하철로 인한 상권이 모두 겹친다. 지방광역시의 경우 부산, 대구, 광주, 대전 등이 모두 도시 중심도로와 지하철 역세권이 겹친다.

동일로 노원구 상권

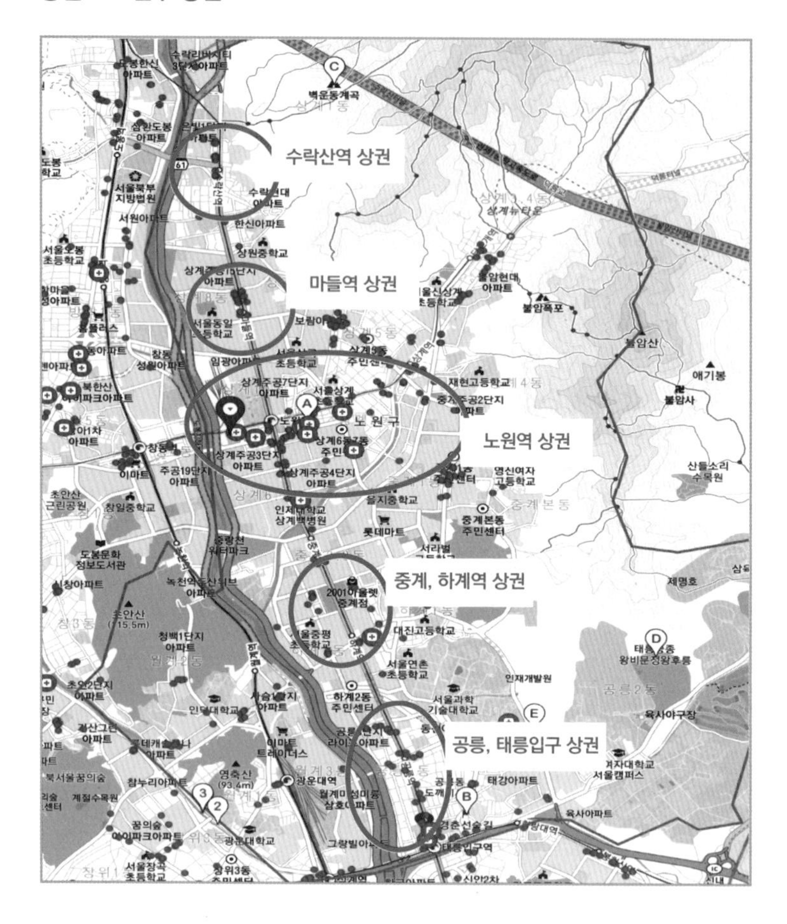

또 다른 도시 지역의 도로와 상권 구조 형태에서 농촌 지역이 도시화되면서 도시 전체가 연결되지 못하고 분산되는 경우가 있다.

② 48번 국도 김포시 상권

대표적인 지역이 김포공항에서 강화 방향 48번 국도를 따라 형성된 김포시 상권으로, 고촌-풍무-사우(김포 본동 구도심)-북변, 걸포-운양-장기-구래동 상권으로 연결된다. 지역이 모두 연결되어 하나의 짜임새 있는 김포 상권으로 구성된 듯하지만, 각각의 지역별로 상권이 형성되었다.

48번 국도 김포 상권

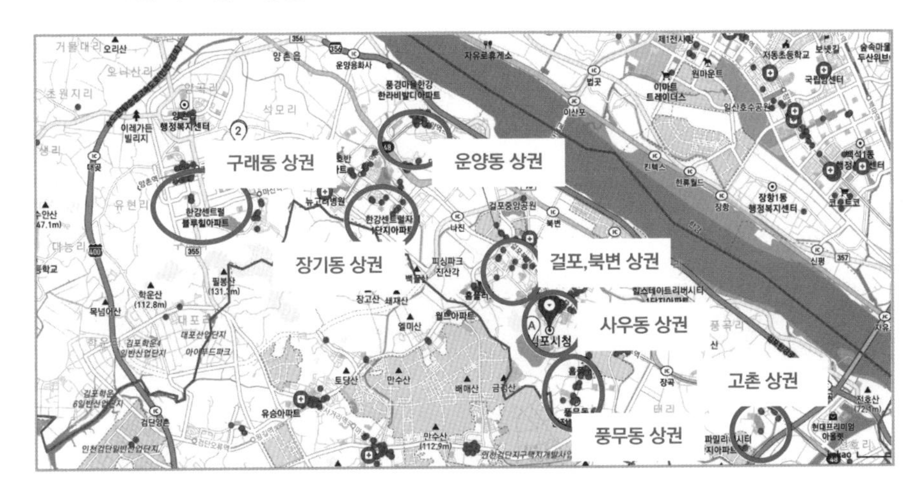

이런 곳에 개원을 할 경우, 한 지역에 집중해 명성을 쌓게 되면 인접 지역에서도 내원하게 된다. 따라서 병의원 개원 준비를 하는 예비 원장님들은 도시 전체보다는 권역별 타깃 환자층을 염두에 두고, 투자가 과도하지 않도록 신중을 기해야 한다.

③ 대구 서부정류장역(관문시장) 성당네거리 상권

대구 서부정류장은 현재는 대구 도심에 위치해 있지만, 달성군이 대구시에 편입되기 이전에는 달성군과의 경계로 달성군청이 인근에 위치해 있었다. 현재는 행정구역 개편으로 서부정류장 서쪽은 달서구에 해당된다.

대구 성당네거리, 서부정류장, 관문시장 상권 구성도

서부정류장은 서부 영남 대부분 지역에서 운행되는 시외 노선버스가 운행되고 있는데, 서부 영남은 KTX 노선이 운행되지 않는 지역이 많아 대중교통으로 대구에 접근할 때 시외버스를 이용할 수밖에 없는 지역이다.

이런 영향으로 서부정류장과 접해 있는 관문시장은 대구 시민뿐만 아니라 서부 영남 주민들의 이용이 많은 관문에 위치한 시장으로, 대구 전통시장 중에서는 활성화된 몇 안 되는 전통시장 중 하나다.

언론 자료를 보면 대구시에서 서부정류장이 너무 노후화되어 1호선 지하철 종점 외곽으로 이전하고 서부정류장 개발을 시도했으나 버스 이용객들이 증가한다는 버스회사들의 반대로 없던 일이 되어버렸다는 기사가 있다.

서부정류장 주변 도로망을 보면, 지하에 1호선 서부정류장역(관문시장역)이 있는 성당네거리에서 중부내륙고속도로 남대구IC와 연결되는 구마로와 화원옥포IC와 연결되는 월배로가 있다.

월배로는 1호선 지하철과 연결되는 도로로 오랫동안 지역주민들의 이동도로 역할을 했고, 구마로의 경우 서부 대구의 개발이 본격화된 뒤 차량 이동도로의 역할을 했다.

월배로 상권의 경우, 달서구뿐만 아니라 달성군, 서부 영남에서 유입되는 대중교통 이용자들에 의해서 상권이 영향을 받는다. 관문시장이 전통시장으로서 보기 드물게 활성화된 것도 이와 같은 교통 접근 영향이 크다. 트렌드 변화로 많이 위축되긴 했지만, 아직도 이 지역에 많은 여성 브랜드 의류점들이 밀집된 것도 관문시장과 함께 이곳 상권이 지역 주민과 서부영남 지역의 중·장년 여성층의 접근성이 높다는 것을 의미한다.

병원급으로 지역 응급의료센터인 삼일병원과 아동병원, 그리고 개인 의원급 중에서는 중·장년들이 많이 찾는 정형외과, 통증의학과가 눈에 띈다. 기타 병원으로 병원급 치과나 교통사고 환자가 많이 찾는 병원급 한의원들의 분포도 높은 상황이다.

월배로 성당네거리 관문시장 상권은 상인역과 함께 대구 지하철 1호선을 통한 대구 서부권 지역 주민이 집객되는 활성화된 병의원 상권으로, 승용차, 시내·외 버스와 함께 1호선을 이용해서 접근하는 환자들의 유입이 많은 상권이다.

다음 구마로의 경우, 8차선 도로인데 차량 중심도로의 영향으로 주차장이 확보되어 달서구, 서부 영남 지방 주민들의 접근성이 좋아 국내 유명 4대 대형 전자 양판점인 삼성, LG 롯데하이마트, 전자랜드가 모두 입점해 있고, 김치냉장고 전문업체인 위니아딤채, 침구류 전문 매장들이 분포된 것도 눈여겨볼 만하다. 이런 대형 양판점이 위치한 상권은 주차장을 갖춘 병원급 의료기관이 들어서기 좋은 상권, 입지다.

유흥 업종과 숙박업소들은 성당사거리 주변과 구마로에 분포도가 높고, 월배로와 구마로 사이 상가 지역들은 음식점, 주점들의 분포가 높다. 그러나 과거에 활발했던 이 지역 유흥과 야간 상권은 로컬 상권의 이용이 높아지면서 코로나가 끝나도 과거와 같은 회복세를 보이긴 어렵다고 본다.

다만 병의원과 같은 전문 업종의 경우, 지역 상권이 서부대구와 서부영남의 관문 상권이므로 확실한 개인의 전문성과 네임밸류 및 시설 투자가 동반된다면, 적극적인 개원을 검토해볼 만한 상권이다.

상권에서 대중교통의 영향력

개원의 대부분이 선택하는 개원 유형은 의원급 1차 의료기관으로 내원 환자는 중증보다 경증 환자가 대부분이다. 또한, 환자들의 이동거리가 짧다는 점과 국내의 상업용 건물 대부분의 주차장 여건이 충분치 않기 때문에 중증 환자가 많은 병원급이나, 종합병원보다는 주차장의 필요성이 크지 않다. 그렇다면 지하철과 노선버스가 병의원 상권에 어떻게 영향을 미치는지 알아보자.

지하철 승하차 인원

지하철이 운행되는 도시의 경우, 도시 교통에서 지하철의 분담 비율이 차이 나지만 크든 작든 지하철 역세권의 영향을 받는다. 이때 상권의 우위는 지하철역 승하차 인원 비교를 통해서 알 수 있는데, 이것은 코레일의 통계자료를 통해 확인할 수 있다.

국내에서 지하철이 운행되고 있는 도시는 서울, 경기, 부산, 대구, 인천, 광주, 대전으로, 지하철은 이들 도시민의 출퇴근과 도시 내 이동을 담당한다. 도시에 따라서 지하철의 승객 분담률 차이는 있지만, 주민들을 집객시키고 분산시키는 효과는 시내버스에 비해서 크다.

그럼 지금부터 지하철이 상권에 미치는 영향력과 승하차 인원 상위 지하철역 현황을 살펴보려고 한다. 2019년과 2020년을 동시에 보는 것은 코로나19로 인해서 이동이 감소하면서 2020년 지하철 이용객이 격감했기 때문에 이를 감안해 참고하면 된다.

① 서울, 경기 수도권 지하철 상권의 특징

국내 지하철 역사는 1974년에 1호선 서울역~청량리 구간이 개통되면서 시작되었다. 현재는 9개 노선이 운행되고 지하철로 인해서 서울, 경기, 인천은 하나의 단일 생활권이 되었다. 현재는 천안까지 지하철이 연결되면서 수도권 생활권이 확장되었다. 서울을 중심으로 수도권 주민들이 경제 활동을 위해서 서울로 이동하게 되므로 대중교통으로서 지하철 분담률은 높다.

수도권 외곽 1기 신도시는 지하철과 도시 중심 도로가 함께 지나기 때문에 지하철역을 중심으로 상권이 형성된 것도 하나의 특징이다. 대표적으로 3호선이 지나는 일산, 수인선이 지나는 분당, 4호선이 지나는 평촌, 산본은 도로 접근성, 지하철로 인한 접근성으로 상권이 형성되었다.

서울 지하철 9개 노선 중 가장 많은 승객 이동량을 기록하고 있는 노선은 2호선으로, 대부분의 노선이 2호선에서 환승할 수 있게 되어 있다.

다음은 2호선 본선 43개 역 중에서 승하차 인원 합계가 연간 2,000만 명이 넘어가는 지하철역을 코로나 이전인 2019년 기준으로 정리한 것이다.

2호선 연간 승하차 인원 2,000만 명 이상(2019년 기준)

2호선				
지하철역명	2019년		2020년	
	승차	하차	승차	하차
을지로입구역	17,467,096	17,327,921	11,361,519	11,557,833
성수역	9,901,038	10,745,311	9,171,171	10,094,534
건대입구역	15,316,604	16,785,983	10,784,067	11,763,781
강변역	15,635,769	15,396,746	10,160,786	10,079,809
잠실역	15,635,769	15,396,746	20,267,108	19,832,506
삼성역	20,615,116	21,097,171	14,642,832	14,934,767
선릉역	18,567,467	16,518,350	15,595,625	13,960,551
역삼역	16,147,988	17,952,563	13,589,335	15,028,974
강남역	34,346,715	35,109,213	25,546,096	25,778,773
교대역	12,459,683	14,188,051	9,702,051	10,926,931
사당역	15,245,463	16,722,124	11,370,055	12,477,799

2호선				
지하철역명	2019년		2020년	
	승차	하차	승차	하차
낙성대역	10,400,723	9,991,930	8,328,958	7,967,748
서울대입구역	18,417,639	17,788,618	14,539,478	14,113,651
신림역	24,292,554	23,613,554	19,578,142	18,875,036
신대방역	10,046,795	9,570,966	8,118,962	7,781,001
구로디지털단지역	21,670,859	21,662,463	17,758,003	17,767,106
대림역	10,130,768	10,437,532	7,690,322	7,834,944
신도림역	20,412,407	20,300,645	15,117,440	14,897,301
합정역	11,727,733	12,565,630	9,185,124	9,779,207
홍대입구역	27,856,902	29,931,736	16,586,023	17,729,651
신촌역	16,364,842	16,733,27	10,300,213	10,678,508

2호선 본선 43개 지하철역 승하차 인원 상위 역인 강남역, 잠실역, 홍대입구역, 신림역, 구로디지털단지역은 승하차 인원이 다른 역보다 많아 자체 상권 경쟁력이 충분하다.

2호선 승하차 1위 지하철역 강남역 병의원 분포도

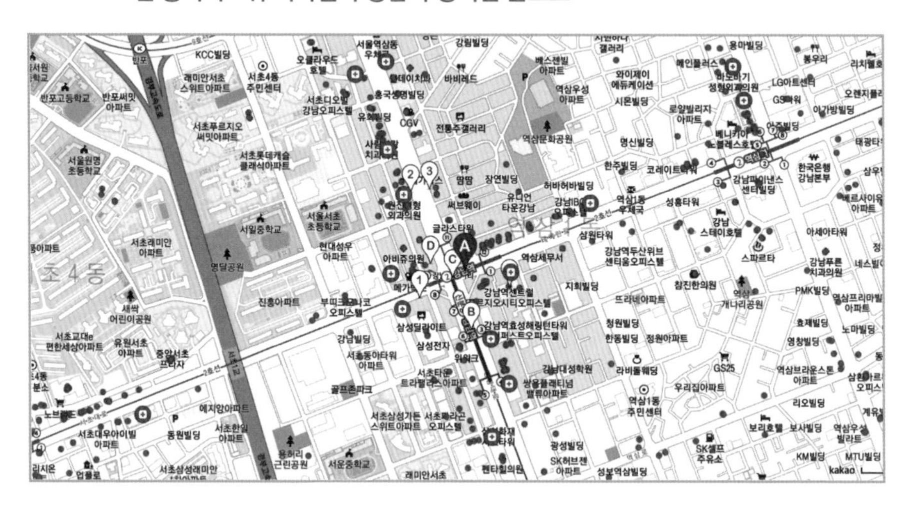

2호선은 다른 노선과 대부분 환승이 이루어지고 승하차 인원이 많아서 역세권마다 경쟁 과목들의 개원 비율이 높아 경쟁이 치열하다. 따라서, 2호선에 개원을 하기 위해서는 본인의 의료 실력도 중요하지만, 경쟁 병의원에 떨어지지 않는 규모와 시설, 인력이 필요하기 때문에 초기 투자비에 대한 고려를 해야 한다.

또한, 서울 지하철 2호선은 순환선으로 접근성이 좋기 때문에 경쟁이 치열해 마케팅 비용이 과도하다는 점도 염두에 두어야 한다. 따라서 승하차 인원이 2호선보다는 적지만, 대부분 노선의 지하철역은 지역 주민들의 집객력이 높기에 거점형 개원을 희망할 경우, 승하차 인원이 많은 지역을 우선적으로 검토하면 좋다.

② 부산 상권이 지하철 역세권 중심으로 발전한 이유

대한민국 넘버2 도시인 부산시에는 4개의 지하철 노선과 1개의 경전철이 운행 중이다. 부산시 인구는 2021년 6월 기준으로 336만 명에 16개 구에 이르지만, 1개 구의 인구는 다른 광역시와 다르게 40만 명이 넘지 않고 30만 명이 넘는 구도 해운대구, 부산진구, 사하구에 불과하다.

이와 같이 다른 광역시보다 1개 구의 인구가 현저히 낮은 것은 도시가 원형이나 타원형으로 발전해 어느 방향으로든지 도시를 확장할 수 있는 형태가 아닌, 산과 바다에 둘러싸여 확장을 저해하기 때문이다.

부산의 북쪽은 금정산맥, 동쪽은 동해안, 서쪽은 낙동강, 남쪽은 바다가 있는 구조다. 즉, 북쪽에 산을 두고, 동, 서, 남쪽에 물을 두고 그 안쪽에 상권이 형성된 전형적인 배산임수형 구조다.

일반적인 내륙 도시의 경우, 산이 있더라도 평탄 지형에 도시가 형성되어 배후 주거지에서 중심으로 몰려드는 상권 구조로 확장성이 뛰어나지만, 부산은 기본적으로 산 위쪽에서 바다를 향해서 사람들이 이동하는 경사로 지형에 거주지가 형성된 구조다. 이런 지형은 도로의 확장성이 떨어지는데, 산허리를 가로지르는 산복도로가 많은 것도 그런 이유다.

따라서 부산의 기본적인 교통수단은 산아래 평탄 지형을 따라 지하철이 연결되고, 산과 산 사이 계곡형 지형과 산을 낀 하천이 지천과 갈라지는 곳에 환승역이 형성되었다.

부산 지하철 1, 2호선 연간 승하차 1,000만 명 이상 지하철역(2019년 기준)

부산지하철 1호선				
지하철역명	2019년		2020년	
	승차	하차	승차	하차
교대앞역	5,642,093	5,367,182	4,063,340	3,926,724
남포동역	8,117,510	8,739,730	5,030,410	5,534,273
노포동역	5,608,049	5,372,637	3,582,086	3,486,282
동래역	6,802,752	7,738,846	4,885,906	5,513,846
범일동역	6,602,132	6,693,012	4,758,156	4,807,206
부산대역	6,348,198	6,696,301	4,176,901	4,391,115
부산역	8,444,543	8,709,870	5,242,281	5,395,490
부전동역	6,709,719	6,787,087	5,110,732	5,220,042
서면역	14,952,243	16,899,148	9,963,709	11,490,233
시청역	5,368,360	5,382,070	4,288,721	4,257,125
양정역	5,404,408	5,230,977	3,747,972	3,734,061
연산동역	7,845,167	8,086,696	5,572,135	5,668,009
온천장역	6,168,320	6,196,174	4,463,758	4,474,709
자갈치역	7,573,481	7,769,304	5,117,110	5,265,728
하단역	7,769,304	7,128,831	5,439,748	4,970,348

부산지하철 2호선				
지하철역명	2019년		2020년	
	승차	하차	승차	하차
경성부경대역	7,028,686	7,332.99	4,248,761	4,484,538
사상역	8,709,470	9,124,084	5,865,649	6,109,281
서면역	10,042,635	11,446,725	6,699,885	7,513,301
센텀시티역	7,609,153	7,504,705	4,930,051	4,879,578
수영역	5,528,647	5,320,750	4,304,838	4,150,364
장산역	6,053,799	5,746,795	4,422,687	4,249,624
해운대역	5,150,755	5,591,456	3,053,392	3,339,468

대표적인 부산의 중심 상권인 1, 2호선이 환승하는 서면역이나, 1, 4호선이 환승하는 동래역이 모두 이런 지형에 속한다.

부산 지하철 승하차 1위 지하철역 서면역 병의원 분포도

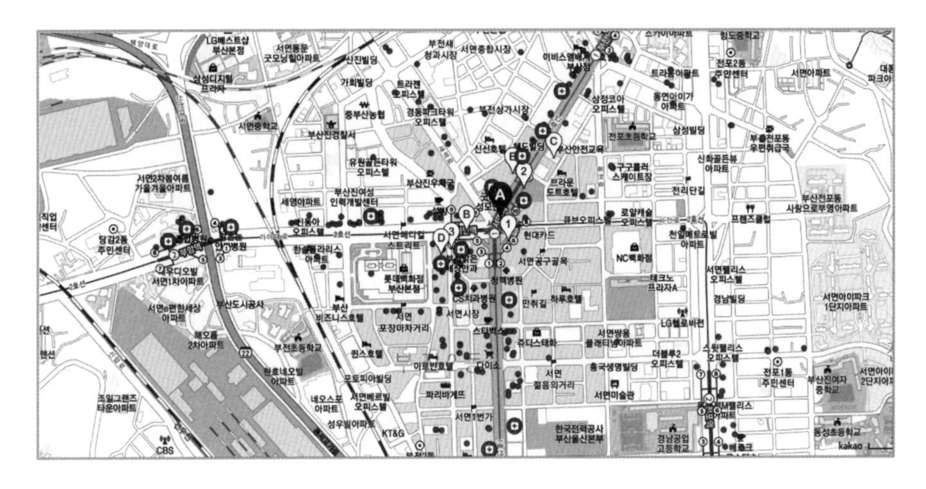

앞서 언급했듯이 부산의 북쪽은 산으로 막혀 있어 도시가 확장될 수 없기 때문에 확장이 가능한 동쪽과 서쪽인 김해, 양산 방향으로 확장되고 있다. 지하철 종점인 1호선 하단역이나 2호선 양산역, 장산역이 모두 버스 환승을 하는 인접 지역의 연계성과 주거지 발달의 직접적인 영향력으로 의료 상권이 발전한 지역이다.

종합하면, 부산의 상권 구조는 지하철역으로 상권 흐름이 유입되는 구조로, 역세권에 대한 충성도가 높다. 이런 점 때문에 부산에서 개원한다면 지역 주민들이 이용하는 지하철 역세권 주변에 경쟁 병의원이 어떻게 분포하고 있는지를 검토하는 것이 좋다.

③ 대구시 상권의 중심은 반월당역

인구 240만 명의 대구광역시 상권 구조는 타원형의 분지지형으로 1980년 이전까지는 시장·상업·교통·의료(종합병원) 기능이 모두 도시 중심에 집중된 구조였다. 이러한 영향으로 달성군과 달서구가 대구시에 합류되기 이전에는 버스를 타면 실질적인 상권의 양 끝단인 동쪽 동대구역에서 서쪽의 서부정류장까지 대중교통으로도 1시간이 채 걸리지 않는 도시였다.

이후 1980년대 후반부터 동쪽 달성군과 서쪽 수성구 시지동, 경산 방향으로, 1990년대에는 칠곡 방향으로 도시가 확장되었다. 도시의 거주지가 외곽으로 분산되었지만, 원형 분지 구조로, 도심도로와 남북간선도로인 신천대로의 상습 정체 혼

대구 지하철 1, 2호선 연간 승하차 400만 명 이상 지하철역(2019년 기준)

대구지하철 1호선				
지하철역명	2019년		2020년	
	승차	하차	승차	하차
대곡역	2,669,841	2,431,430	1,676,461	1,533,644
진천역	2,677,023	2,629,969	1,698,275	1,663,823
상인역	4,808,066	4,785,437	2,935,057	2,932,851
서부정류장역	3,760,968	3,641,798	2,935,057	2,932,851
영대병원역	2,409,615	2,472,959	1,395,809	1,436,422
반월당역	3,490,169	5,166,024	2,072,288	3,024,078
중앙로역	7,092,403	7,553,188	3,695,793	3,976,678
대구역	3,491,230	3,433,277	2,083,613	2,058,219
동대구역	6,879,266	6,936,897	3,818,797	3,856,619
아양교역	2,119,009	1,962,678	1,299,719	1,209,305
안심역	2,683,803	2,514,110	1,502,609	1,422,407

대구지하철 2호선				
지하철역명	2019년		2020년	
	승차	하차	승차	하차
대실역	2,575,479	2,467,101	1,641,051	1,597,28
강창역	2,406,990	2,249,385	1,581,357	1,483,236
계명대역	2,822,194	2,739,950	1,537,683	1,490,462
성서산업단지	2,148,629	2,124,290	1,369,465	1,353,958
용산역	3,250,567	3,176,976	1,855,258	1,844,106
죽전역	2,118,226	2,106,532	1,358,677	1,353,311
감삼역	2,858,811	2,645,940	1,829,746	1,726,851
두류역	3,102,461	3,210,582	1,809,806	1,848,384
신남역	2,017,604	1,899,491	1,264,754	1,192,789
반월당역	9,813,980	8,936,606	5,621,825	5,144,179
경대병원역	2,468,632	2,739,615	1,564,715	1,747,210
대구은행역	2,256,799	2,303,085	1,403,127	1,450,302
범어역	2,851,969	2,865,545	1,837,316	1,839,500
신매역	2,416,995	2,574,770	1,460,260	1,553,548
영남대역	3,510,964	3,257,401	1,641,341	1,552,867

잡을 타개하기 위해서 지하철이 도입되었다.

대구 지하철은 대구의 중심을 관통하는 달구벌대로와 중앙대로가 교차하는 지점인 반월당 로타리의 반월당역에서 1, 2호선이 환승하고, 인접한 청라언덕역에서 2, 3호선이 환승한다.

대구는 동서남북 외곽지에 주거지가 집중되어 시민들의 도심 경제 활동을 위한 이동 때문에 도로 혼잡을 피하기 위해서 지하철 의존성이 높다.

특히 1, 2호선이 환승하는 반월당역은 승하차 인원이 다른 역보다 압도적으로 높기 때문에 현대백화점 대구점을 비롯해 특히 경쟁력 있는 병의원, 한의원. 치과 분포가 높다. 이러한 영향으로 반월당역 지하에는 병의원을 대상으로 하는 여러 개의 약국이 성업 중이다.

대구 지하철 승하차 1위 지하철역 빈월당역 병의원 분포도

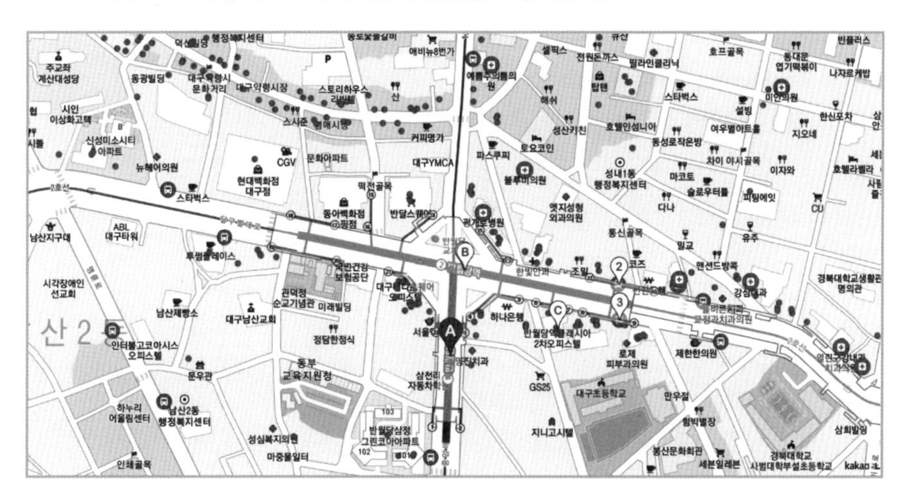

병의원 상권으로서 대구 지하철 역세권은 부산과 마찬가지로 의존성이 높아서 로컬형이든, 거점형이든 선택 상권 범위 안에 역세권이 있다면 개원을 할 때, 영향력을 충분히 검토한 뒤에 해야 한다.

④ 대전 지하철 상권의 패턴

인구 145만 명의 대전 지하철은 광주 지하철과 유사한 구조로, 도시 중심을 동·서로 연결하는 중앙로와 계룡로 지하를 운행하고 있다. 동쪽의 판암역에서 서쪽의 반석역까지 22개 역

대전 지하철 연간 200만 명 이상 지하철역(2019년)

대전 지하철 1호선				
지하철역명	2019년		2020년	
	승차	하차	승차	하차
판암역	1,667,463	1,452,214	1,136,360	1,008,521
대동역	1,827,980	1,587,977	1,141,128	994,748
대전역	4,235,537	4,184,777	2,715,591	2,687,786
중앙로역	2,378,349	2,633,328	1,426,550	1,585,634
서대전네거리역	2,550,270	2,679,780	1,597,035	1,672,269
오룡역	1,610,101	1,459,434	1,103,299	1,010,024
용문역	2,756,930	2,807,508	1,646,548	1,652,405
탄방역	1,867.92	2,055,878	1,234,828	1,351,553
시청역	2,751,099	2,917,506	1,900,760	2,007,352
정부청사역	2,377,862	2,541,796	1,614,502	1,757,098
갈마역	1,121,251	1,089,114	761,162	747,892
월평역	1,418,715	1,413,932	894,547	881,836
유성온천역	3,471,857	3,560,550	2,221,974	2,280,225
노은역	1,502,117	1,579,392	1,012,948	1,070,470
반석역	2,750,534	2,518,748	1,914,861	1,764,801

을 운행하고 있다.

2019년 기준, 연간 승하차 인원이 수도권이나 서울, 부산, 대구보다 현저히 낮다. 광주에 비해서 200만 명 이상 인구는 적지만 역사 수는 15개 역으로 더 많다.

동쪽의 대전역이나 중앙로역이 다른 역에 비해서 현저히 승하차 인원이 많은데, 이것은 오랫동안 이어온 대전역의 역할과 큰 전통시장인 중앙시장, 역전시장과 주변 로드상가의 영향력으로 인한 주민 집객에 의한 상권으로 볼 수 있다.

대전은 서대전역네거리에서 둔산동 방향으로 갈수록 지하철역 주변 주거 밀집도가 높아 비교적 지하철역 의존도가 높다. 따라서 주거지와 역세권이 겹치는 인근은 병의원 과목 밀집도가 높아 상권 검토 시에는 경쟁 병의원의 경쟁력과 숫자 및 주변 배후 세대의 규모와 질을 충분히 검토한 뒤에 결정해야 한다.

⑤ 광주 지하철 역세권이 상권 활성화가 되지 않는 이유

인구 144만 명 광주광역시의 지하철은 광주 중심을 동서를 기역자('ㄱ'자) 노선으로 관통해 운행하는 1호선이 동구 녹동역에서 광산구 평동역까지 20개 역이 영업 중이다.

현재 2호선이 1, 2단계는 순환선, 3단계는 지선 형태로 2025년 완전 개통을 목표로 구간별 공사가 진행 중이다.

다음은 광주 지하철 1호선 20개 역 중에서 코로나19가 없었던 2019년 기준으로 1년간 승하차 인구 합계가 200만 명(1일 평균 5,479명) 이상 지하철역을 조사한 결과다. 7개 지역에 불과한 것을 볼 수 있다.

광주 지하철 승하차 연간 200만 명 이상 지하철역(2019년)

광주 지하철 1호선				
지하철역명	2019년		2020년	
	승차	하차	승차	하차
남광주역	1,686,350	1,739,135	1,144,116	1,154,070
문화전당역	1,229,465	1,249,625	833,038	875,357
금남로4가역	1,889.94	1,945,135	1,177,711	1,214,717
운천역	1,203,165	1,170,151	887,539	847,992
상무역	1,558,216	1,620,270	1,152,340	1,197,499
송정공원역	1,205,140	1,140,162	819,394	773,066
광주송정역	1,766,569	1,670,027	1,166,472	1,119,881

그만큼 광주에서 지하철은 승객 분담률이 낮아서 다른 도시에 비해 활성화된 역세권 형성이 미흡하다. 광주에서 지하철 의존도가 떨어지는 것은 여러 가지 원인이 있지만, 현장 상권 조사를 진행하면서 생각할 수 있었던 부분은 크게 3가지다.

첫 번째, 노선이 기계적으로 광주 도심을 동서로 연결하는데 그쳐 인구가 밀집된 북구와 광산구가 노선에서 제외되어 주민 이용객이 떨어졌다. 인구가 집중된 2호선이 개통되면 현재보다는 이용객이 늘어나서 활성화될 것으로 기대한다.

두 번째, 지하철이 도심 중심을 연결하는 동서 연결노선으로 버스에 비해서 시간이 단축되어야 하지만, 실제로는 지하철과 버스 시간 차이가 크지 않다.

세 번째, 지하철 역사 진입 시 엘리베이터와 에스컬레이터가 절대적으로 부족해 노약자들이 이용하기 어렵다. 2호선의 경우 이런 점을 보완하기 위해서 저심도로 평균 깊이 4.3m로 개발하고 있다.

하지만 광주 지하철의 경우 현재까지는 지하철로 인한 역세권 상권 활성화는 미흡하다고 보면 된다.

노선버스의 종류와 노선 숫자

노선의 종류와 숫자에서 따라서 병의원 상권 형성에 미치는 영향력도 달라진다.

- **간선버스** : 중·장거리 운행노선으로 간선버스 노선이 많이 지날수록 도시 전체에서 접근성이 높지만, 상권 내에 집객 시설이 없다면 노선 숫자로만 상권에 영향을 미치지 못한다.

- **지선버스** : 특정 지역의 이동성을 확보하기 위해서 운행되므로 지선버스가 많이 지나는 상권은 지역 내 거점형 상권이 많다.
- **마을버스** : 근거리인 교통 취약 지역을 보완하기 위해서 주로 지하철역과 마을 간 보완적으로 운행한다.
- **시외(일반)버스** : 도시와 도시 간을 운행하는 노선버스
- **직행버스** : 도시 간 정류장 숫자를 최소화해 운행된다.

간선, 지선, 마을버스 노선이 많이 지나는 상권이 지역의 거점형 상권일 가능성이 크지만, 상대적으로 간선·지선·마을버스 노선이 적고 직행버스와 시외버스 노선 중심인 지역은 단순히 이동만 목적인 경우가 많아 병의원 상권은 기대에 미치지 못한다.

대표적인 지역이 서울 2호선 사당역 4번 출구 앞 상권으로, 이곳은 서울 이남으로 가는 직행버스 노선이 많은 지역이지만, 배후의 관악구 남현동 주택가의 주민들이 분산되기 때문에 로컬이든, 거점이든 병의원 상권으로 경쟁력이 떨어진다.

계획도시 병의원 상권 흐름

1기 신도시가 입주한 지도 벌써 30년이 지나면서, 분당, 일산의 경우 이미 상당수 단지가 노후화되어 조만간 재건축 사업이 진행될 가능성이 크다.

원도심 지역에서도 주거가 밀집된 지역의 경우, 주거 지역 노후화로 재개발이 진행되었거나, 진행 중으로 이에 따라 상권의 토지 용도별 구분이 좀 더 명확해지고 인구가 밀집된 지역은 젊은 개원의들의 관심이 높아지고 있다.

신도시나 원도심 개발 지역의 경우, 도시 상권이 재편성되면서 병의원 상권을 선택한 뒤 입지를 선택하면 많은 도움이 된다.

다음은 1990년대 이후 삼성전자의 배후 도시로 개발된 분당선 인근의 영통신도시 상업 지역과 2010년도 이후 본격적으로 입주한 김포한강 신도시의 중심 상업 지역인 김포골드라인의 종착역인 구래역 상업 지역의 사례다.

영통구 중심 상업 지역

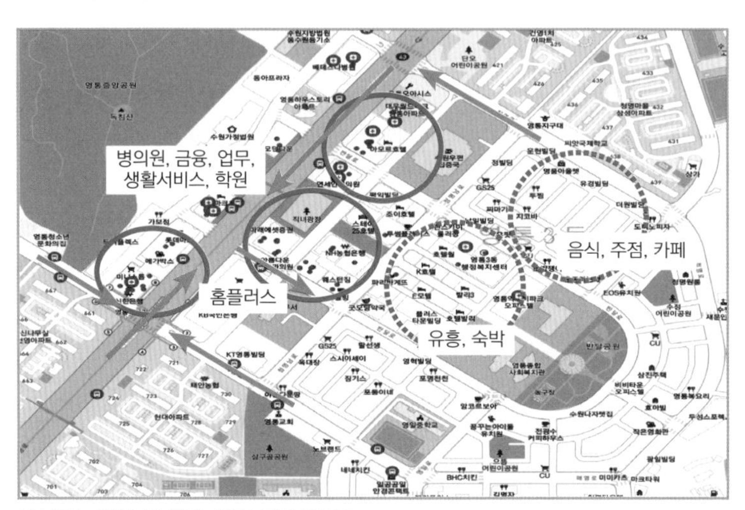

화살표는 지역 내 주민, 차량 주요이동로

김포한강 신도시 중심 상권 구래동 상업 지역

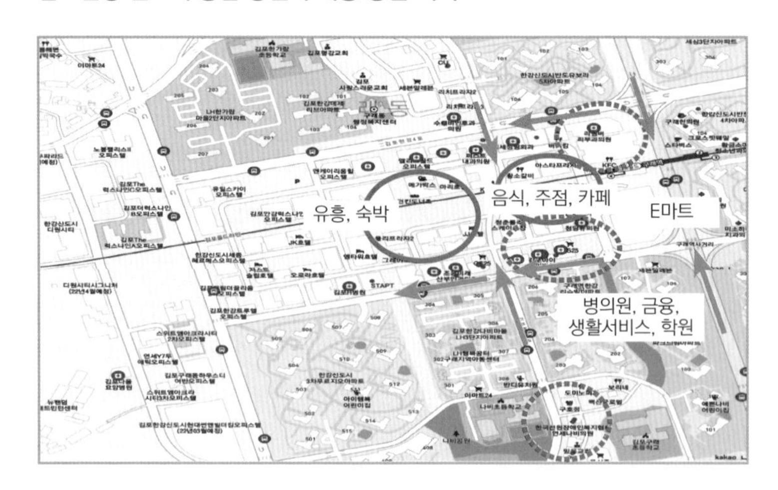

시차는 20년 이상 된 도시지만, 도시 상업 지역에서 각각의 업종별 입지는 유사점을 보인다.

수원시 영통구 상업 지역과 김포시 구래동 상업 지역은 공통적으로 규모의 차이는 있지만, 풍부한 배후 인구를 배경으로 홈플러스와 이마트를 중심으로 한 대형마트가 중심에 있고, 이곳 주변에 ① 병의원, 금융, 생활서비스, 학원들이 있고 이면도로에 ② 음식, 주점, 카페가 있고, ③ 숙박, 유흥 시설은 최대한 청소년들을 보호할 수 있는 곳에 입지한다.

이런 점을 감안해서 병의원만 떼어놓고 보면 계획도시의 개원 유형은 20년의 시차가 있지만, 유사한 개원 유형을 보여준다.

주민 생활 동선이 합류되는 입지에 형성된다

계획도시나 대규모 재개발의 경우, 기본적으로 도시에 거주하는 주민들의 거주지를 어떻게 배치하느냐가 가장 중요하다.

일반적으로 거주지의 진출입로에 근린 생활 시설이 배치되고, 몇 개의 근린 생활 시설이 합류되는 중심도로에 노선버스가 다니고 주민들의 동선이 합류되는 입지에 병의원이 들어선다.

영통 상업 지역을 보면 주민들의 주거지에서 동선이 합류되는 영통역과 봉영로와 봉영로가 만나는 사거리 코너 상가에 경쟁력 있는 병의원 분포가 가장 많다,

구래동 상업 지역의 경우, 메인도로인 김포한강7로에서 상업 지역 동선이 합류되는 김포한강4로와 김포한강8로 상가 건물에 병

의원이 집중되는데, 모두 지역 주민들이 이용하는 주요 동선이다.

주간에 이용하는 상가와 주간 인구가 유입되는 입지

거주 인구든, 유동 인구든 배후 인구가 집중되는 지역이 병의원 입지다. 이런 경우 로드샵에 주간 업종이 집중된 입지가 병의원이 진입하는 입지다.

대형마트 인근은 여전히 계획도시 상권의 중심이다

대형마트는 과거에 비해서 매출이 감소하긴 했지만, 계획도시의 경우 여전히 지역 주민들이 집중되는 곳이다. 영통 상업지역이나 구래동 상업 지구 대형마트 인근에 지역 주민들과 밀접한 생활서비스 업종이 입점했고, 병의원의 진출도 활발하다. 지역 내 소비가 가장 활발한 것은 상권의 중심이라는 이야기다.

물론 예외는 있다

계획도시라 하더라도 병의원 원칙이 모두 원칙대로 되진 않는다. 전문성이 높은 병원급 의원이나, 병원, 요양 병원이 대표적이다. 이런 경우는 해당 상권이나 인접 상권에 대체할 수 있는 경쟁 병의원이 없을 때다. 환자들이 도보 접근성에 따라서 찾는 게 아니라 해당 병의원의 지명도와 필요성에 의해서 입원하거나 진료를 받기 위해서 찾기 때문이다. 다만, 차량 접근성이 용이한 도로 사정과 주차장을 확보할 때 환자 유치가 쉬워진다.

상권 흐름과 병의원 입지의 상권 사례

미사강변도시 북근린 상권 사례

미사강변도시는 경기도 하남시와 서울시 강동구에 사이에 위치한 신도시로, 행정구역은 하남시 미사1동, 미사2동, 풍산동 3개 행정동을 두고 있으며, 2021년 6월 기준 3개 행정동의 인구는 128,555명이다.

상권은 미사 역세권에 중심 상권을 두고 북쪽 근린 상업 지역(이하 북근상)과 남쪽 근린 상업 지역(이하 남근상)이 있고, 남쪽과 한강 방향으로 자족 시설인 지식산업센터가 위치해 있다. 도시 입주가 시작된 시기는 2014년 하반기부터 미사2동이 입주를 시작했는데, 병의원 진입 시작도 이 시기로 북근상 배후세대는 2018년 6월경 대부분 입주 완료했고, 미사1동

미사강변도시 행정동 인구

구분	2015년 1월			2018년 6월			2021년 6월		
	인구수	세대수	세대당 인구	인구수	세대수	세대당 인구	인구수	세대수	세대당 인구
미사2동	5,506	1,909	2.89	44,430	16,263	2.73	47,838	18,666	2.56
미사1동	2,655	1,099	2.42	29,068	10,946	2.66	50,686	26,459	1.92
풍산동	1,087	675	1.61	13,576	4,905	2.77	30,031	11,191	2.68

미사강변도시 북근상 배후 세대는 미사2동으로 미사1동과 풍산동에 비해서 입주 시기가 빠르다.

과 풍산동은 이후 순차적으로 입주가 이루어진다. 북근상은 배후 지역인 미사2동의 빠른 입주와 30개 필지에 불과한 상업용지로 인해서 공실률이 낮아 병의원 역시 빠른 개원으로 인해 다른 신도시에 비해서 상권 활성화가 빨랐다. 북근상 병의원 상권 활성화에는 미사1동과 풍산동의 입주가 상대적으로 늦어져서 중심 상권인 미사역세권의 상권 활성화가 늦어진 게 영향을 미쳤다.

다만, 현재는 미사역세권 상권에 직접적인 영향을 미치는 미사1동과 풍산동 주민 입주도 정점에 가까워지면서 병의원 개원도 포화상태를 맞고 있다. 이에 비해서 남근상의 경우에는 주변 배후세대 입주가 시차를 두고 이루어졌고, 남쪽 지식산업센터 내에 병의원이 진입하면서 상권이 분산되어 북근상만큼 경쟁력을 발휘하지 못하고 있다. 미사강변도시의 병의원 개원 형태에서 배울 수 있는 것은 다음과 같다.

1) 충분하고 경제력을 갖춘 배후 세대의 빠른 입주는 상권 활성화 시기와 향후 상권 이동 여부가 결정된다(북근상 미사2동의 빠른 입주).
2) 근린 상업 지역은 배후 세대에 비해서 병의원이 진입할 수 있는 용지 규모와 숫자가 적을수록 경쟁력이 있다(미사강변도시의 북근상과 남근상의 차이).
3) 신도시는 제한된 면적에 도시가 집중되어 입주가 완료되면 근린 상업 지역과 중심 상업 지역의 이격거리가 크지 않으면 중심상권으로 집중되는 경향이 있다(중심 상권의 활성화 조건).

미사강변도시 북근상 상권 흐름도

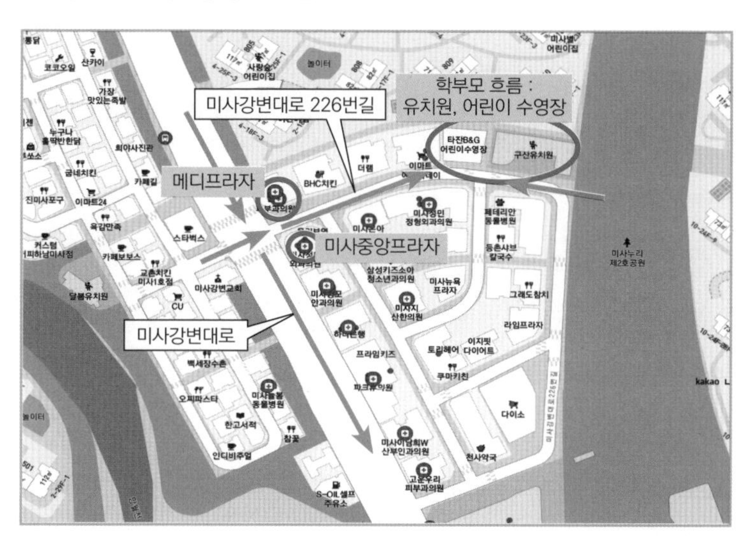

그렇다면 이런 근린 상업 지역에서 경쟁력 있는 병의원 입지의 흐름은 어떻게 될까?

① 미사강변도시 메인도로 전면상가(미사강변대로)

미사강변도시 남북 중심도로로 서울-양양 간 고속도로 방향에서 도시로 진입 시 첫 번째로 만나는 근린 상업 지역이다. 북쪽 배후 세대 대부분의 접근성이 용이한 장점이 있다.

특히 북근상은 미사강변도시도시로 진입해서 첫 번째로 만나는 상가 지역이고, 북근상 미사강변대로 건너편은 가장 활성화된 이주자택지 지역으로 음식점 주점, 카페들이 안정적으로 정착되어 경쟁력을 발휘하고 있다.

기존 도심이나 신도시의 메인도로 상업 지역 전면상가는 공통적으로 병의원 입지 흐름으로 구성되는 특징을 가지고 있다. 다른 지역도 동일한 현상을 보이는데, 여기서는 미사강변대로에 접한 근린 상업 지역 전면 상가를 말한다.

② 내부 상권 구성과 접근성의 관계

북근상 내부로 진입하기 위해서는 차량, 도보 모두 미사강변대로 226번길을 이용하게 된다. 진입하기 이전인 전면 미사강변대로에는 횡단보도가 있고 좌우 회전이 가능한데, 차량과 도보 진입하는 메디프라자와 미사중앙프라자가 있는 지점이 상권의 중심이 된다. 즉, 진입로 지점이 이 상권의 메인으로,

소매 금융 중심인 국민은행과 드럭스토어의 대표인 올리브영 입점도 이런 영향 때문이다.

③ 학부모와 근린공원 동선

미사강변대로 226번길은 상권 내부 연결도로이기도 하지만 유치원과 어린이 수영장으로 연결되고, 아파트에서 근린공원을 통한 상권 내부로 생활 동선이 연결되어 병의원 입지 동선이 연결된다.

일반적으로 상권 내부 동선은 음식점, 카페, 주점들이 입점하지만 충분한 생활 동선이 연결될 경우 마트와 소매점, 학원, 병의원들이 진입한다. 생활 동선 못지않게 전면도로의 과다한 임대료도 상권 내부에 병의원 개원을 촉진하는 원인으로 작용한다.

미사강변도시 북근상은 충분한 배후 세대로, 상권 안정화로 인해 현재 추가적인 병의원 개원은 어렵지만, 차량과 도보 및 상권 내부의 생활 동선 흐름, 높은 임대료에 의한 병의원들이 어떻게 개원하고 있는지 배울 수 있는 좋은 상권 지역이다.

강북구 삼양동사거리 상권 사례

상권 분석에서 중요한 것은 배후 고객들의 이동과 선택 상권에서 상권 분석을 진행하는 업종의 서비스나 상품을 소비하는 고객들의 흐름을 이해하는 것이다. 병의원 상권에서 상권 흐름은 개원을 위한 입지 선택에서 타깃 환자들이 이동하는 흐름에 대해서 이해하는 것이다.

다음은 선택한 상권 내에서 배후 인구의 흐름과 병의원 입지에 대한 흐름이 어떻게 되는지 사례를 통해 소개한다. 앞서 아파트 현황에서 분양 아파트 현황조사표를 만들었던 강북구 삼양동사거리 상권의 상권 흐름이다. 이 지역 병의원 상권 형성에 영향을 미치는 흐름은 3가지 유형이다.

① 유형 1 – 삼양동사거리 흐름

도로 흐름으로 상권 중심의 솔샘로는 경사도가 있는 도로로 SK북한산시티에서 삼양동사거리를 거쳐 미아사거리역으로 연결되는 흐름이 있다.

삼양동사거리 상권 흐름도

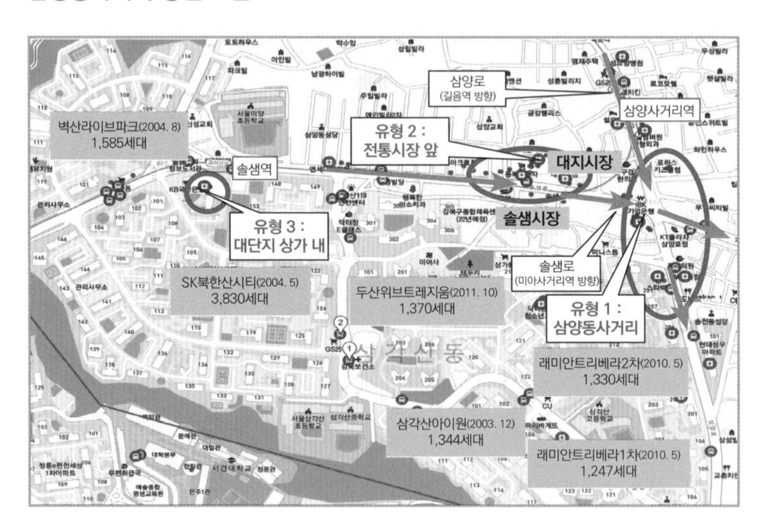

다음으로 삼양시장에서 삼양사거리역을 거쳐서 길음역으로 로 연결되는 삼양로 흐름이 있다.

솔샘로와 삼양로가 만나는 지점이 삼양동사거리로, 상권 영향권 안의 행정동으로는 삼각산동, 송천동, 삼양동이 있다. 이 중 삼각산동의 상권 영향력이 약 70%이고, 나머지 삼양동과 송천동이 30%의 상권 범위로 설정할 수 있는 지역이다. 3개 행정동의 총인구는 7만 명을 상회하지만, 실질적인 인구 규모는 약 4만 명 정도의 상권이다.

상권을 지나는 우이신설선 경전철은 솔샘역과 삼양사거리역인데, 이 중 솔샘역은 경사로에 위치해 상권 기능이 없고, 삼양사거리역은 삼양동사거리 상권과 중복되므로 실제로는 삼양동사거리역으로 볼 수 있다. 이런 영향으로 삼양동사거리가 이곳 상권의 중심으로 경쟁력 있는 병의원 비중이 높다.

② 유형 2 – 전통시장 앞 흐름

지역 상권에서 병의원 입지를 위한 상권 흐름 중 가장 주목해야 할 흐름이 주민들이 모이는 시장 앞 흐름이다. 솔샘로의 전통시장인 솔샘시장과 대지시장은 마주 보고 있는 입지로 소매점과 시장의 소비력이 집중되어 병의원 입지로서 경쟁력 있는 입지 흐름이다.

③ 유형 3 – 대단지 상가 내

앞의 상권 흐름도에 솔샘로 배후의 삼각산동 아파트 단지의 세대수와 입주 연월을 표기했다. 이런 지역의 경우 대단지 아파트의 단지 내 상가는 해당 단지뿐만 아니라 인접 단지의 유입력도 가지고 있다.

앞의 지도에서 3,830세대의 SK북한산시티 단지 내 상가의 경우, 비록 경사로에 위치해 있지만 인접한 벽산라이브파크 주민 유입력까지 가지고 있어서 실제로는 5,000세대 이상의 유입력을 가진 상가다. 그러나 이런 대단지 상가의 경우, 공급이 부족하므로 고분양가 및 고임대료와 함께 아파트의 지역적 특징에 따라 주민들이 모두 단지 내 상가에 대한 충성도가 높지 않다는 것도 염두에 두어야 한다.

삼양동사거리에서 병의원 상권이 형성된 흐름은 솔샘로와 삼양로가 만나는 삼양동사거리 상권, 소비력을 갖춘 전통시장(솔샘시장 앞) 상권, 대단지아파트 상가 상권으로 설명할 수 있다.

신도시가 아닌, 기존 주거지 병의원 상권에서는 배후 인구가 외부 이동을 할 때 집중되는 곳, 소비가 집중되는 곳, 거주가 집중되는 곳이 어디인지를 생각해보면서 선택을 할 필요가 있다. 상권에서 나타나는 환경적인 변수를 생각해보면 좀 더 명확해지는 측면이 있다.

상권 흐름으로 본 강북구 대표 상권

지하철 의존도가 낮은 경우도 있지만, 서울과 부산, 대구는 도시 상권 구조상 지하철 역세권의 병의원 입지 의존도가 높다.

강북구 대표 상권은 수유역일까, 미아사거리역일까? 인구 30만 명인 서울시 강북구의 지형은 동쪽으로 도봉구와 노원구 서쪽으로는 북한산 아래에 주거 지역이 있으며, 강북구의 중심을 도봉로가 지나고 그 지하에 4호선이 지난다.

이런 영향으로 강북구의 대표 거점 상권은 도봉로를 따라서 수유역 - 수유시장 - 미아역 - 미아사거리역으로 연결되는데, 이 중에서 거점형 병의원을 개원한다면 가장 먼저 떠오르는 곳은 4호선 미아사거리역과 수유역 상권이다.

그렇다면 미아사거리역과 수유역 상권을 선택하기 위한 조건은 무엇일까? 어느 지역이든지 로컬 지역단위 상권을 선택할 때 가장 우선되는 것은 앞선 삼양동사거리 상권의 흐름과 같이 지역민의 배후 세대 규모와 이들이 이동하는 흐름이다.

반면, 미아사거리역과 수유역 상권과 같은 지역 거점형 상권은 여러 개의 지역 상권이 양 상권으로 얼마나 많이 유입하고 이동하는지 교통량과 이동의 흐름, 상권 내의 집객 요소를 보고 판단하는 게 유리하다.

그렇다면 이 두 상권의 경쟁력과 차이점을 살펴보자.

① 상권 흐름도

· 미아사거리역

미아사거리 상권 흐름도

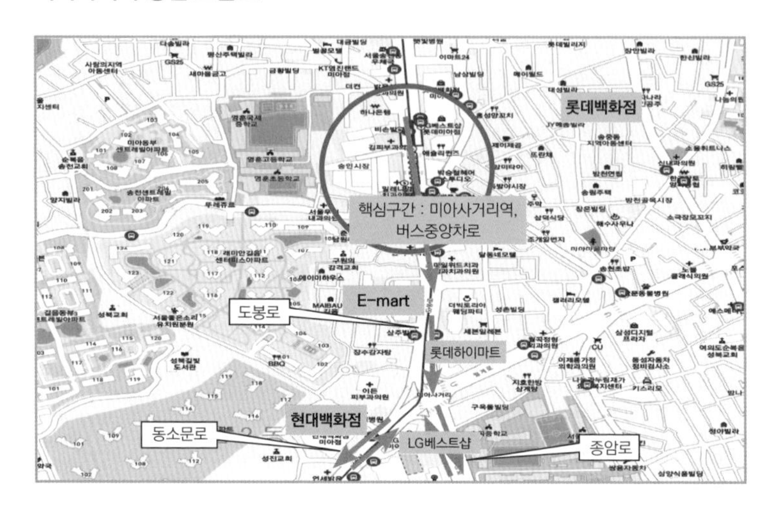

· 수유역

수유역 상권 흐름도

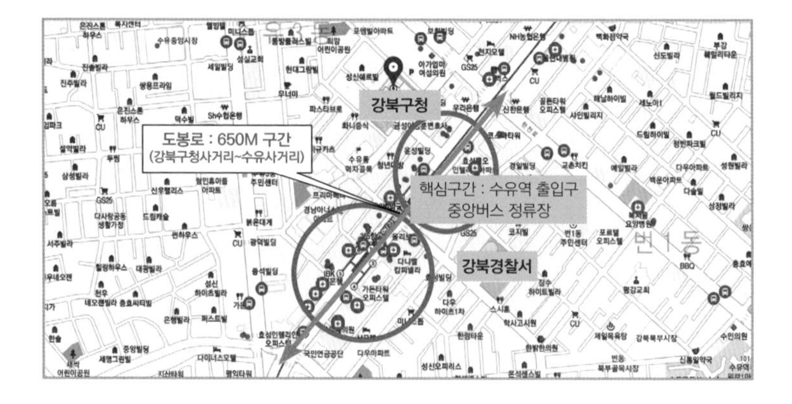

② 강북구에서 도봉로의 영향력

도봉로는 강북구 중심도로로 이동 흐름이 어느 정도 되는지 파악함으로써 두 상권의 차이를 판단할 수 있다. 이동 흐름을 판단하기 위해서 여러 자료를 비교할 수 있지만, 그중 '상권정보시스템'의 유동 인구를 살펴볼 필요가 있다.

상권정보시스템의 유동 인구는 SK텔레콤의 기지국에서 스마트폰과 주고받는 Call 수를 기준으로 산정하는데, 차량, 도보, 주거, 직장 상주 인구가 모두 포함되는 숫자를 나타낸다. 물론 이것이 100% 정확하다고는 할 수 없지만, 상권의 유동 인구 추세는 충분히 반영한다고 할 수 있다.

다음 표에서 '상권정보시스템'의 유동 인구 현황을 보자.

미아사거리역, 수유역 유동 인구(반경 500M 유동 인구 현황)

미아사거리역

지역	'20.09	'20.10	'20.11	'20.12	'21.01	'21.02	'21.03	'21.04	'21.05	'21.06	'21.07	'21.08	'21.09
분석영역	143,498	154,214	154,811	145,586	161,969	137,076	141,535	145,910	146,094	156,700	152,659	149,393	153,517
증감률	-	▲7.5%	▲0.4%	▼6.0%	▲11.3%	▼15.4%	▲3.3%	▲3.1%	▲0.1%	▲7.3%	▼2.6%	▼2.1%	▲2.8%

수유역

지역	'20.09	'20.10	'20.11	'20.12	'21.01	'21.02	'21.03	'21.04	'21.05	'21.06	'21.07	'21.08	'21.09
분석영역	103,090	107,904	98,945	85,407	85,124	87,426	91,596	94,502	92,320	94,387	87,899	86,584	89,729
증감률	-	▲4.7%	▼8.3%	▼13.7%	▼0.3%	▲2.7%	▲4.8%	▲3.2%	▼2.3%	▲2.2%	▼6.9%	▼1.5%	▲3.6%

출처 : 상권정보시스템

2개 지역을 비교해보면 최종적으로 조사된 2021년 9월을 기준으로 할 때, 미아사거리역은 153,517명이고, 수유역은 89,729명으로, 미아사거리역이 수유역에 비해 70% 유동 인구가 많다. 이것은 그만큼 지역적으로 이동하는 인구뿐만 아니라 지역 내에서 직장, 주거, 목적성 이동을 이유로 상권에 머무는 인구가 미아사거리역이 앞선다는 이야기다.

③ 대중교통 이용 현황

· 지하철 이용객

강북구 주민들의 대중교통은 우이신설선 경전철 이용객도 무시하지 못할 수준이지만, 도봉로 지하를 달리는 4호선 지하철역에서 마을버스를 비롯한 노선 버스로 환승하는 비중이 높다. 따라서 지역 내 이동에서의 지하철 승하차 인원을 비교해보면 대중교통을 활용한 지역 내 상권 선호도를 확인할 수 있다.

다음 표는 코로나가 심했던 2020년과 코로나 이전인 2019년 4호선 강북구 지하철역인 수유역-미아역-미아사거리역의 지하철 승하차 인원 현황이다.

강북구청 지하철역 승하차 인구

지하철역	1일 승차 인원	1일 하차 인원	1일 승하차 합계	년도
수유역	28,778	28,435	57,213	2020년
	36,189	35,733	71,922	2019년
미아역	12,707	12,101	24,808	2020년
	16,266	15,241	31,507	2019년
미아사거리역	23,543	22,860	46,403	2020년
	28,829	27,891	56,720	2019년

출처 : 국토교통부

여기서 미아사거리역과 수유역의 1일 승하차 인원의 합계를 비교해보면, 2020년 수유역이 미아사거리역보다 약 1만 명 앞서고, 코로나 이전인 2019년은 약 1만 5,000명 앞선다. 이것은 지역 내 이동에 있어서 수유역에서 머무는 시간은 짧을지 모르지만, 경유하는 빈도수는 높다는 의미다.

보험 비중이 높은 대중적인 병의원을 개원한다면 대중교통 이용이 활발한 지역이 유리하기에 이런 지역이 적합할 것이다.

④ 상권 영향을 미치는 집객 시설

2개 상권 모두 소매, 서비스 업체들이 광범위하게 분포하고 있으며, 야간에는 먹자 유흥상권 역시 잘 조성되어 강북구의 대표 상권으로 집객 효과가 큰 상권이다.

그렇지만 병의원 상권에 초점을 맞춘다면 상권을 대표하는 집객 시설에는 차이가 있다. 먼저 미아사거리역 상권은 강북구, 성북구의 경계에 위치해 2개의 백화점과 대형할인점 1개, 전자 양판점이 있어 소매 유통이 활발한 지역이다. 대형 소매점들이 위치해 있다는 것은 지리적으로 여러 지역의 집객을 고려한 입지다. 지하철 이용객은 수유역보다 적지만, 소비를 위해서 상권에 유입하게 되면 장시간 체류하기에 유동 인구가 많고 체류하는 시간이 늘어난다.

이에 비해서 수유역 상권의 집객을 대표하는 시설은 강북구청과 강북경찰서다. 상권 내 공공기관은 목적형 방문으로 행정 업무가 끝나면 이동하는 특징이 있다. 일반적으로 관할 행정구역 내에 새로운 행정타운이 아니라 기존 도심에 구청이 있을 경우, 공공기관을 중심으로 지역 주민들의 생활 동선이 형성되지만, 장시간 체류하지는 않는다.

미아사거리역과 수유역의 승하차 인원을 분석해보면, 지역 내 대형 유통점이 많아 소비를 목적으로 하는 소비동선은 미아사거리역이 앞서고, 반복적인 생활 동선은 수유역 상권이 앞선다고 볼 수 있다.

강북구에서 미아사거리나 수유역 상권 모두 병의원 상권으로 우수하지만, 우리가 이 2개의 상권에서 배워야 할 것은 생활 동선이 우수한 지역은 보험 비중이 높은 과목의 개원이 유리하고, 상권에서 소비를 위해 머무는 시간이 많고 유동 인구가 많은 지역은 비보험계열의 과목 비중이 높은 과목이 유리하다는 것이다. 이 점을 잊지 말자.

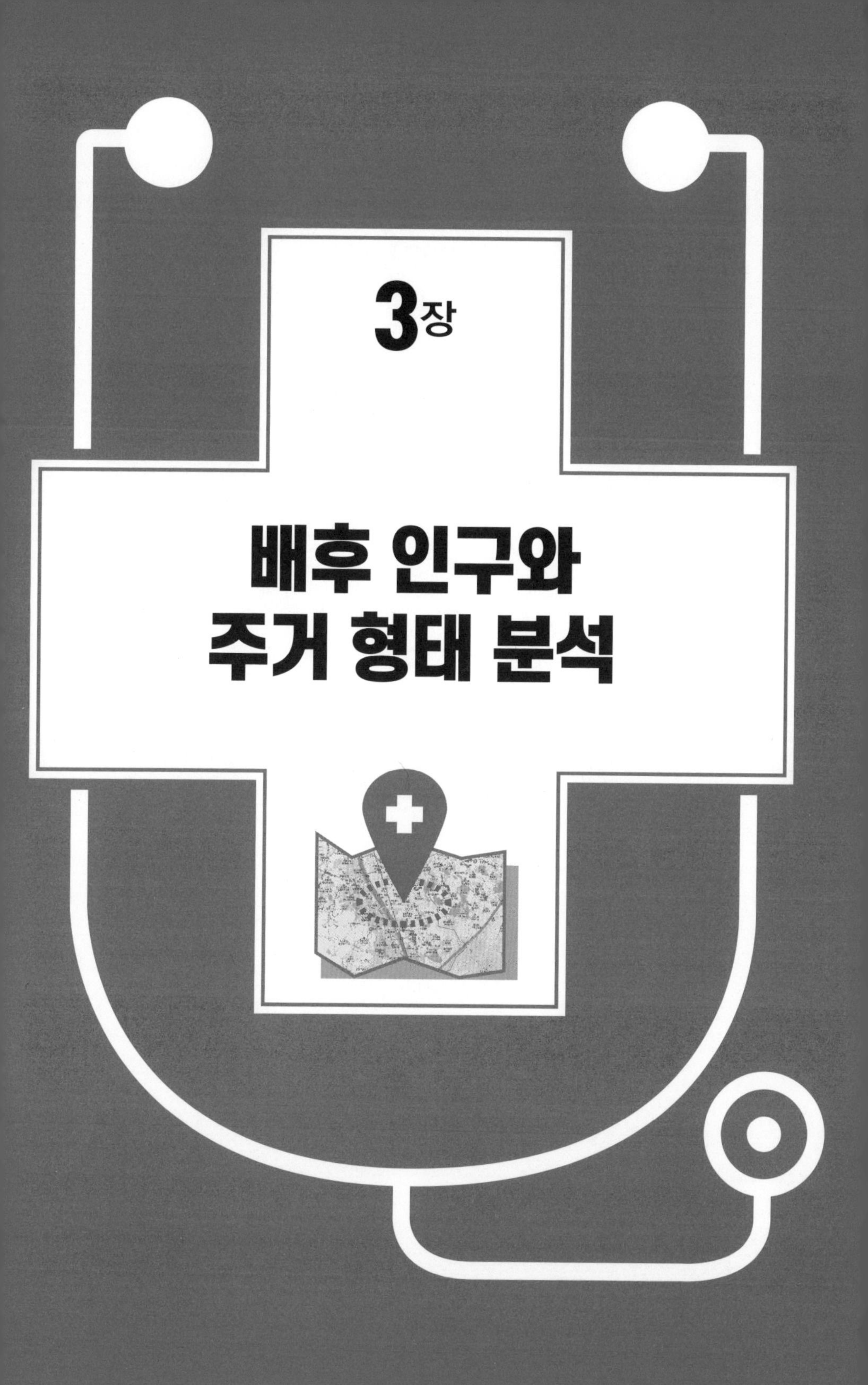

3장

배후 인구와 주거 형태 분석

인구 현황 조사의 중요성

창업을 위한 상권 분석의 첫 번째 작업은 선택 상권 범위 내에 얼마나 많은 잠재적 소비자가 있는지를 파악하는 것이고, 잠재적 소비자 현황은 인구 조사를 통해서 가능하다. 개원도 창업의 일종으로, 선택 상권 내에서 얼마나 많은 타깃 환자가 있는지 분석을 위해서 인구수와 어떤 인구 형태를 구성하고 있는지 조사를 한다.

인구 조사는 행정구역 주민등록 인구통계를 통해서 현황을 파악하는데, 여기에는 인구수, 세대수, 세대당 인구, 평균 연령, 필요에 따라서 5세나 10세 단위의 연령 구간 분포 조사, 일정 기간 시간 경과에 따라서 선택한 행정구역의 인구가 어떻게 변하는지를 살펴보면 현재뿐만 아니라 미래 인구추세를 통해서 타깃 환자층을 예측할 수 있다.

인구수

개원할 후보 상권을 평가할 때 가장 먼저 확인할 것은 선택 상권의 인구수이다.

개원 상권에서 인구 조사는 선택 상권이 속한 행정구역 인구수가 얼마나 분포하는지를 확인하는 작업인데, 이것은 결국 미래 타깃 환자의 규모를 예측하는 작업이다. 의료 관련 업종뿐만 아니라 다른 업종 창업을 위한 상권분석에서도 인구수는 선택 행정구역의 경쟁력을 파악하는 데 의미가 있다.

선택 상권 내의 인구수는 개원에 적합한 질적 인구 수준을 구성하고 있는지는 그다음에 판단할 문제다.

세대수 및 세대당 인구

행정구역 기반의 세대수는 선택 행정구역의 세대 합계를 나타낸다.

상권분석은 인구수에서 세대수를 나누면 세대당 인구이고, 세대당 인구는 행정구역 내의 가족의 합계를 나타내는 자료로도 사용된다. 과거에는 인구수와 세대수가 일정 추세로 증가했지만, 출산율 감소로 세대 분리로 세대수는 증가하지만, 인구는 감소하거나 정체된 행정구역이 증가하고 있다. 일반적으로 세대당 인구가 적은 지역은 거주자들이 주거 지역보다 경제 활동 지역에서 의료 상권을 이용할 가능성이 크다. 이에 반해 세대당 인구가 많으면 가족 구성원이 함께 거주하므로 거주 지역 내 상권을 이용할 가능성이 크게 나타난다.

따라서 주거 지역 상권에서 개원할 경우, 후보 상권의 행정구역 인구가 같다면 세대당 인구가 많은 지역이 개원 상권으로 유리하다. 일반적으로 의료 관련 병의원은 개인적 선택도 중요하지만 가족들의 관여가 결정에 영향을 미치는 확률이 높다.

즉, 가족들의 관여도가 병의원 결정에 직접적 영향을 미치고, 그중에서 필수의료 과목일수록 관여도가 높게 나타난다. 따라서 로컬 상권에서는 비슷한 인구 규모의 상권이라면 세대당 인구가 많은 지역이 개원에 유리하다.

평균 연령 및 연령 구간 단위 분포 현황

선택 상권에 얼마나 많은 타깃 환자들이 거주하는지는 선택 상권 행정구역의 평균 연령과 일정 구간(10세 단위) 연령대의 인구 합계를 통해서 확인할 수 있다.

예를 들어, 소아·청소년과. 이비인후과의 경우 소아와 면역력이 약한 청소년층 환자층이 많다는 점을 감안하면, 소아·청소년으로 분류되는 0세~18세 구간의 인구 합계를 확인해 상권을 비교하면 된다.

소아·청소년과, 이비인후과의 환자층이 가장 많은 구간은 유아기~초등학교 연령대인 13세 전후에 집중되고 있다. 또한, 장년층 환자의 비중이 높은 정형외과의 경우, 환자층이 증가하는 50세 이상 인구의 합계로 타깃 환자들의 수를 확인할 수 있다.

여기서 상권의 타깃 환자층을 확장해서 확인한다면 소아·청소년과와 이비인후과의 경우, 자녀들을 두기 시작하는 30대 구간의 인구수를 확인하고, 정형외과의 경우 환자 진입기인 40대 인구를 확인함으로써 해당 과목의 신규 환자 유입을 확장적으로 예측할 수도 있다.

일정 기간 인구 비교

도시가 팽창하면서 도시 외곽은 신도시·택지지구가 개발되고, 도심지는 재건축·재개발 수요가 증가하고 있다. 또한, 사회적 현상으로 출산율 감소와 노령화로 인한 평균 연령의 증가로 인구 구조도 변하고 있다. 이런 현상은 도시 지역에서 부동산 및 사회적 환경 변화를 일으켜 인구의 질적·양적·구조적 변화를 가져오기 때문에 일정 기간 인구 변화를 살펴볼 필요가 있다.

인구 비교는 5년, 10년과 같이 일정 기간의 비교뿐만 아니라 지역에 특별한 변화가 있을 경우, 그 시점과 현재 시점을 비교하면 의미 있는 결과를 얻을 수 있다(ex : 신도시, 택지지구의 입주 시점, 대단지 아파트의 입주 전후, 행정구역 변화). 만약 선택 상권이 있는 행정구역 인구수의 의미 있는 변화가 발생했는데, 도시 인구 자체에 큰 변화가 없다면 재개발·재건축·택지지구가 개발되었더라도 도시 인구는 도시 안에서 수평 이동했을 가능성이 크다.

하지만 도시 인구가 크게 변했다면 도시 내 인구의 수평 이동보다는 외부에서 인구들이 유입되었다고 보는 것이 타당하다.

행정구역 인구 통계 조사

앞에서 병의원 상권 조사에서 활용할 수 있는 유의미한 통계 자료로 인구수, 세대수, 세대당 인구, 평균 연령 및 10세 단위 구간 인구, 일정 기간 인구 비교가 가지는 의미를 설명했다.

이번에는 행정 단위별 인구 현황이 상권 조사에서 어떤 의미를 가지는지 설명하겠다.

전국이나, 행정 단위별 인구 현황이 개원을 위해서 선택한 상권의 인구 현황을 직접적으로 반영하지는 않지만, 행정구역의 주거 형태별 인구 유형을 통해서 선택한 상권이 어떤 유형을 띄고 있는지 살펴볼 수 있다.

우선 전국과 수도권의 인구의 변화추이를 살펴보자.

아래는 2010, 2015년, 2018년, 2020년, 2023년 전국 및 수도권의 주요 인구 현황이다.

시간 경과에 따른 인구 변화

항목	2023년 12월 31일				2020년 12월 31일			
	인구수	세대수	세대당 인구	평균 연령	인구수	세대수	세대당 인구	평균 연령
전국	51,325,329	23,914,851	2.15	44.8	51,829,023	23,093,108	2.24	43.2
서울시	9,386,034	4,469,417	2.1	44.4	9,668,465	4,417,954	2.19	43.2
인천시	2,997,410	1,350,912	2.22	43.8	2,942,828	1,267,956	2,942,828	42.3
경기도	13,630,821	5,978,724	2.28	43	13,427,014	5,676,401	13,427,014	41.4

항목	2018년 12월 31일				2015년 12월 31일				2010년 12월 31일			
	인구수	세대수	세대당 인구	평균 연령	인구수	세대수	세대당 인구	평균 연령	인구수	세대수	세대당 인구	평균 연령
전국	51,826,059	22,042,947	2.35	42.1	51,529,338	21,011,152	2.45	40.5	50,515,666	19,865,179	2.54	38.1
서울시	9,765,623	4,263,868	2.29	42.2	10,022,181	4,189,948	2.39	40.6	10,312,545	4,224,181	2.44	38.2
인천시	2,954,642	1,213,201	2.44	41.1	2,925,815	1,154,004	2.54	39.4	2,758,296	1,059,664	2.6	37
경기도	13,077,153	5,306,214	2.46	40.3	12,522,606	4,885,012	2.56	38.8	11,786,622	4,527,282	2.6	36.4

출처 : 행정안전부 주민등록 인구통계

이 기간 전국 및 수도권 주요 인구 현황이 어떻게 변했는지 살펴보고 그 의미는 무엇인지 살펴보자.

우리 인구에서 2010년과 2023년 13년간 시간 경과에 따른 인구 변화를 살펴보면, 약 80만 명이 증가했고, 이 중 서울, 인천, 경기 수도권 인구가 49.2%에서 50.7%로 증가해 수도권 집중도는 더욱 커졌다. 다만 서울의 인구는 이시기 꾸준히 감소해 2016년 인구 1,000만 명이 무너진 반면, 인천과 경기도 인구는 꾸준히 증가해 서울 인구가 인천, 경기로 유입되었다는 것을 알 수 있다.

그렇다면 같은 시기 질적 변화인 인구구조는 어떻게 바뀌었을까?

- 전국 세대당 인구는 이시기 0.39명으로 감소했고 평균 연령은 6.7세가 상승했다.
- 서울의 경우 세대당 인구는 0.34명이 감소했고, 평균 연령은 6.2세가 높아졌다.
- 인천의 경우 세대당 인구의 0.38명이 감소했고, 평균 연령은 6.7세가 상승했다.
- 경기도의 경우 세대당 인구는 0.32명이 감소했고, 평균 연령은 6.6세가 상승했다.

결과적으로 인구증가는 신규환자 유입 가능성을 높아졌다는 의미지만, 반대의 경우 신규환자 유입이 가능성이 낮아진다는 의미다. 또한 세대당 인구감소가 지속되고 있다는 것은 가족 중심에서 개인 중심으로 이동하고 있다는 의미로, 그만큼 병의원을 선택할 때 가족 관여도가 낮아졌고, 개인 선택이 영향을 미쳤다는 의미다. 이것은 거주 중심의 생활근거지와 경제활동 근거지 중에서 선택할 때 경제활동 근거지 내원율이 높게 나타날 수밖에 없다.

물론 세대당 인구가 많은 지역은 여전히 병의원 선택에서 가족 관여도가 높고, 가족 관여도가 높은 지역일수록 한번 선택하면 충성도가 오랫동안 지속된다.

다음은 각 주거유형별 인구 형태로, 선택한 상권이 어떤 유형인지 참고하면 도움이 된다.

화성시 새솔동 인구 분석 – 신도시, 택지지구 유형

화성시 새솔동은 송산그린시티 시범 택지지구로 안산시와 화성시 습지를 사이에 두고 2018년 1월 신설된 화성시 행정동이다.

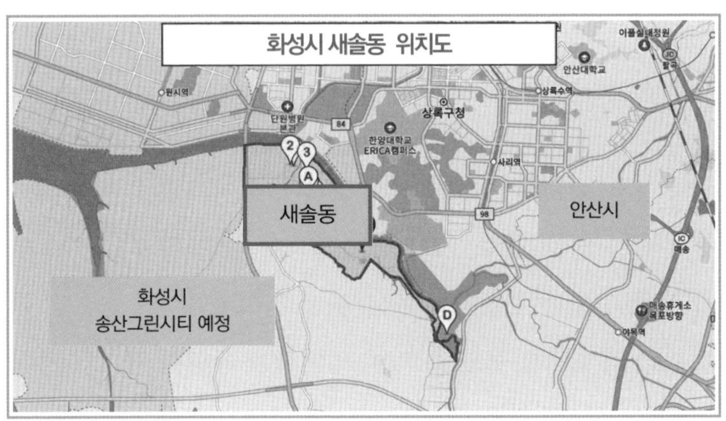

출처 : 카카오지도

일반적인 신도시의 경우 대도시나 기존 구도심이 인접하는 경우 신규 입주자도 있지만 도시 내에서 수평 이주하는 주민들이 많다. 그러나 새솔동과 같이 인접 도시 연관성이 크지 않고 완전히 새로운 지역에 신도시가 들어서는 경우 온전히 외부에서 유입되는 인구들로 새로운 형태 인구구성으로 나타난다.

이런 대표적인 유형이 지방 혁신도시, 기업도시 입주 시 인구 유형도 비슷하게 나타난다.

화성시 새솔동 인구분석 신도시·택지지구 유형

신도시·택지지구유형	2023년 12월 31일				2018년 12월 31일			
	인구수	세대수	세대당 인구	평균 연령	인구수	세대수	세대당 인구	평균 연령
화성시 새솔동	25,755	8,567	3.01	35	10,712	3,561	3.01	32.3

구분	2023년 12월 31일											
	총인구수	0~9세	10~19세	20~29세	30~39세	40~49세	50~59세	60~69세	70~79세	80~89세	90~99세	100세 이상
2023	25,755	4,123	3,195	2,266	4,418	5,657	3,532	1,954	414	168	27	1
2018	10,712	1,947	1,037	1,333	2,678	1,827	1,267	434	121	61	7	0

출처 : 행정안전부 주민등록 인구 통계

이 경우, 지역에 따라서 차이가 나지만 인접 도시 영향력이 낮고 민간 분양 아파트 비율이 높을수록 평균 연령은 인접 도시 영향을 받는 수도권 인근 신도시 유형보다 2세 전후로 낮아지고, 세대당 인구도 3.0명이 넘어서 초등학생 전후의 자녀가 있는 가족 중심 입주 비율이 압도적으로 높다.

미사강변도시와 같이 공공주택사업으로 시작된 지역의 경우 공공분양과 임대 비율이 높기 때문에 다양한 계층과 연령층이 입주하는 신도시는 초기 입주 평균 연령은 35세 이상 전

후이고, 세대당 인구도 2.5명~2.6명대로 낮다,

새솔동의 경우, 입주 초반부터 가족 구성원을 이룬 젊은 직장인들이 대거 진입해, 입주 이후 5년여가 흐른 2023년과 비교하면 평균 연령은 초기보다 2.7세 상승했지만, 세대당 인구는 3.01명으로 안정적이다. 즉, 신도시의 경우 인접 도시 영향력을 얼마나 받는지와 어떤 아파트 유형이 공급되는지 여부에 따라서 유입인구는 달라진다.

민간분양아파트 비율이 높을수록 초기 상권형성에는 애를 먹지만, 한번 정착하면 안정적으로 운영이 되는 특징이 있다. 이런 신도시의 경우 인구 유형을 평가할 때 경제활동이 활발한 부모 세대 인구(30~50대)와 자녀 세대 인구(10대 이전~20대)를 비교하면 의미 있는 내용을 엿볼 수 있다. 즉, 자녀 세대 중 10대 이전이 가장 높게 나타나는데 이것은 진입한 인구 중 결혼한 30~40대 초반의 자녀 층들로, 이 경우 병의원들도 자녀 층과 주부들을 위한 과목들의 충성도가 높게 나타난다.

따라서 이 경우 배후 인구의 규모에 따라서 개원에 영향을 미치지만 내과검진센터, 소아청소년과 이비인후과, 치과의 운영이 안정적이고 인구가 증가하면 피부과의 개원이 가능한 지역이다. 다만, 상권이 폐쇄된 항아리형 상권 구조이기 때문에 과목별로 1등과 2등에 대한 평판이 달라진다는 점을 인식해야 한다. 이에 영향을 받는 것이 주민들의 지역 커뮤니티 여론에 따라서 쉽게 평판이 흔들릴 수 있다는 점을 유의해야 한다.

수원시 팔달구 매교동 인구 분석 – 도심 재개발 지역 유형

수도권 재개발은 2000년 이후 증가해 본사업은 2010년이 넘어서면서 진행이 빨라졌고, 행정동 전체나 구역을 지정하여 개발하는 방식을 채택했다.

수원시의 팔달구와 권선구의 구도심 지역 개발도 2010년 이후 팔달구역, 권선구역으로 나뉘어 본격적인 개발이 시작되었다. 그중 수원 구도심 중심지역인 팔달문 남쪽 수원천을 사이에 두고 팔달6구역, 팔달8구역은 팔달구 매교동에 해당하는데 개발지역은 매교동의 약 75%에 해당하는 지역이다.

출처 : 카카오지도

팔달6구역은 힐스테이트푸르지오 2,586세대가 2022년 8월 입주했고, 팔달8구역은 푸르지오SkVIew 3,603세대가 2022년 7월 입주해 2개 단지만 6,189세대에 이른다.

이곳의 인구구성을 보면 재개발 이전인 2015년 12월 31일 기준 인구를 보면, 10,729명, 세대수 5,508세대 세대당 인구 1.95명, 평균 연령 44.7세 구성을 보인다.

수원시 팔달구 매교동 인구분석 – 재개발지역 아파트 유형

재개지역	2023년 12월 31일				2015년 12월 31일			
	인구수	세대수	세대당 인구	평균 연령	인구수	세대수	세대당 인구	평균 연령
수원시 매교동	21,454	9,343	2.30	38.6	10,729	5,508	1.95	44.7

구분	2023년 12월 31일											
	총인구수	0~9세	10~19세	20~29세	30~39세	40~49세	50~59세	60~69세	70~79세	80~89세	90~99세	100세 이상
2023	21,454	2,624	1,497	2,537	5,083	3,374	2,917	1,997	943	436	46	0
2015	10,729	525	755	1,469	1,643	1,711	2,136	1,321	858	263	43	5

출처 : 행정안전부 주민등록 인구 통계

반면, 입주 1년 5개월이 지난 시점인 2023.12월 31일 인구구성은 인구수 21,454명, 세대수 9,343세대, 세대당 인구 2.30명, 평균 연령 38.6세를 보이고 있어 세대당 인구는 0.35명이 높고, 평균 연령은 6.1세가 낮아졌다. 이것은 일반적인 지역의 경우 재개발로 인해서 인구구성이 질적으로 좋아졌음을 나타낸다. 결국 매교동 재개발 진행 중에도 구역 외 지역에 약 25%가 거주하는 지역이지만, 재개발지역 입주 이후 주력 인구가 교체되었다는 점을 알 수 있다. 이런 경우 입주 이후 주민들은 기존 상권을 이용하기보다 아파트를 중심으로 한 근린상가의 이용이 증가하는 것이 일반적인 패턴이다.

이 지역 병의원은 수원고삼거리 앞 마이온프라자, 힐스테이트푸르지오 앞 준주거 상권, 푸르지오SKVIEW 단지 내 상가로 구성되었다. 이 지역은 앞으로 권선6구역이 개발되면 매교역 주변이 역세권으로 개발될 가능성이 크다. 재개발 지역의 경우 단지 규모가 큰 개발지역에 새로운 지역 내 중심상권이 형성될 가능성이 크므로 사업이 진행된다면 선점을 하는 게 효과적이므로 관심을 기울일 필요가 있다.

서울 송파구 가락1동 인구 분석 – 도심 재건축단지 유형

재건축단지 인구 분석에서 참고할 만한 단지는 규모 면이나. 단일 단지가 실질적인 행정동으로 구성된 송파구 가락1동 헬리오시티(구 가락시영) 인구를 분석하면 이해가 빠르다.

출처 : 카카오지도

입주 시작된 뒤 2년이 지난 시점의 2020년 인구를 보면 현재 가락1동 인구와 비교하면 약 95%가 입주한다. 헬리오시티가 재건축하기 전 가락시영은 약 6600세대로 2003년 재건축 조합이 설립된 뒤 2012년 1,300세대가 이주했으나, 그 뒤 조합 내부의 소송, 사업성 저하로 사업이 중단되었다. 2015년 사업이 재개되어 철거와 착공이 그해 말에 시작되어 2018년 12월 입주가 시작된 단지다.

다음은 개·건축을 위해서 가락시영 입주민이 이주하기 전인 2010년과 입주 이후 2년이 지난 2020년 인구 비교를 해봤다.

서울 송파구 가락1동 인구분석 – 도심 재건축아파트 유형

송파헬리오시티 (재건축)	2020년 12월 31일				2010년 12월 31일			
	인구수	세대수	세대당 인구	평균 연령	인구수	세대수	세대당 인구	평균 연령
송파구 가락1동	27,792	9,903	2.81	39.2	15,639	6,426	2.43	38.1

구분	송파구 가락1동											
	총인구수	0~9세	10~19세	20~29세	30~39세	40~49세	50~59세	60~69세	70~79세	80~89세	90~99세	100세 이상
2020	27,792	3,251	2,207	3,548	5,341	4,451	4,028	3,283	1,305	313	60	5
2010	15,639	1,101	2,032	2,503	2,650	2,832	2,584	1,193	539	180	23	2

출처 : 행정안전부 주민등록 인구 통계

앞의 서울 인구 2010년과 2020년을 함께 비교해보면, 가락시영(헬리오시티)가 있는 가락1동의 인구 변화에 대한 이해가 빠르다. 가락1동의 인구 패턴은 일반적인 신도시나 택지지구의 대단지 아파트의 입주 초기 인구 패턴보다는 송파구나 주변 행정동의 인구 패턴을 보여준다. 이것은 사업 기간이 길

어지면서 인구 유형은 지역의 평균치를 벗어나지 않고 있다.

오히려 이런 유형의 경우 학군이 좋고, 아파트 가격이 높은 지역의 도심 재건축 아파트 단지의 경우 사업 기간이 길수록 조합원들이 재입주를 하더라도 단지 내나 인근 근린 상권의 병의원 입주 초기에 적극적으로 이용하지는 않는다. 이것은 이전 주거지에서 가족들이 정기적으로 내원하는 병의원을 그대로 이용할 확률이 높기 때문이다. 물론 이와 같은 패턴은 입주가 5년이 넘어가고, 단지 내나 근린 상권에 신뢰할 만한 병의원이 개원하게 되면 점차 지역 내 이용률이 높아지는 패턴을 보여준다.

서울 중랑구 면목본동 상권 인구 분석 – 기존 구도심 주택가 상권

기존 구도심 상권의 경우 지역거점 상권이 아닌 로컬의 구도심 지역의 인구는 어떻게 구성되고 변화할까?

출처 : 카카오지도

중랑구는 서울 25개 구 중에서 주거지 중에서 아파트보다 다가구, 다세대, 단독주택 비율이 높은 지역으로 큰 변화가 없는 자치구 중 하나다. 이 중 면목본동은 면목역이라는 역세권이 있지만 면목로와 동원전통시장 배후에 주거지가 형성된 지역이다.

최근 5년 동안 지역적으로 큰 개발지역이 없고, 소규모 원룸 개발로 인한 변화만 있다. 이런 지역은 공통으로 인구 감소, 1인 가구의 증가, 평균 연령 상승으로 인한 고령화 심화로 3개 인구 구성 지표가 공통으로 악화되는 것으로 나타난다.

서울 중랑구 면목본동 인구분석 원도심 상권

원도심 (구도심)	2023년 12월 31일				2018년 12월 31일			
	인구수	세대수	세대당 인구	평균 연령	인구수	세대수	세대당 인구	평균 연령
중랑구 면목본동	32,791	17,795	1.84	46.8	35,747	17,461	2.05	43.7

구분	2023년 12월 31일											
	총인구수	0~9세	10~19세	20~29세	30~39세	40~49세	50~59세	60~69세	70~79세	80~89세	90~99세	100세 이상
2023	32,791	1,225	1,594	4,788	5,323	4,457	5,870	5,273	2,860	1,256	143	2
2018	35,747	2,004	2,382	5,376	5,867	5,530	6,516	4,551	2,596	807	94	24

출처 : 행정안전부 주민등록 인구 통계

이와 같은 패턴은 광역시급에서 재개발 지역이 아니라면 주력 인구가 교체되지 않고 지역에서 자연적으로 연령만 높아지고, 원룸, 다가구 개발은 단기거주 1인 유입력이 커지는 지역이다.

이 경우 행정동 인구의 소비력은 점차 떨어지는 추세를 보이는데 이 경우 상권에 관한 판단은 배후 인구으로 판단할 수 없고, 오히려 주변 상권환경에 따라서 집객 차이가 난다. 즉, 이 지역은 배후의 면목본동 인구만이 아니라 중랑구에서 규모가 큰 동원시장과 7호선 면목역을 이용하는 인구들의 집객에 의해서 좌우된다. 따라서 면목본동 인구 유형 못지않게 동원시장과 면목역을 이용하는 주민들의 인구 유형을 종합적으로 판단해서 결정해야 한다.

주거 형태와 아파트 평가

소매, 생활 서비스, 금융업은 비대면 비중이 높아지고 있지만, 병의원 업종은 가벼운 질병도 반드시 방문해 대면 진료를 수반한다. 앞으로 비대면 의료가 허용된다 하더라도 이는 제한적 허용으로, 의료계에서는 대면 진료가 기본이 될 수밖에 없다.

따라서 중심 상권이나 업무지역을 제외하고 배후 주거 지역을 기반으로 하는 상권에서 개원할 경우, 배후 인구 못지않게 이들이 어떤 주거에 거주하는지에 따라서 환자들도 차이가 난다.

주거의 형태

대한민국 국민들의 주거 형태는 크게 2가지로 구분된다. 첫째는 다세대주택·다가구주택·단독주택 밀집 지역이고, 둘째는 아파트 지역으로 구분할 수 있는데, 각각의 상권 특징을 살펴보자.

다세대주택, 다가구주택, 단독주택 밀집 지역

2017년 9월경 전문의 자격을 얻은 뒤 수년 동안 모 병원 정형외과 과장으로 근무하셨던 분에게 개원 후보 상권을 찾아달라는 의뢰를 받은 적이 있다.

의뢰인을 만나 병원 콘셉트를 어떻게 할 것인지에 관해서 물어보았다. 그분은 자신이 근무했던 병원 상권과 유사한 '특화보다는 보험 진료가 많은 서민 지역을 대상으로 할 예정'이라고 했다.

이 상담을 기본으로 추천 상권을 어떻게 할 것인지 조건을 정리하게 되었다.

ⓐ 서민 주거 지역인 다세대주택, 다가구주택, 단독주택의 비율이 높은 지역
ⓑ 주거 중심 지역으로 1개 행정동 인구가 3만 명 이상으로 인접해서 3만 명 이상 1개 이상 행정동이 있을 것
ⓒ 연령대는 50대 가장 많고 다음으로 신규 환자가 증가할 수 있는 40대가 많은 지역

이 3가지 조건에 부합하는 상권으로 추천한 곳이 서울 ××구 ○○동 상권이었다.

이곳의 상권 입지는 2017년 상권 조사를 할 때를 기준으로, 지하철역에서 약 100m 정도 떨어져 있고, 지역민들이 이용하는 메인 도로변에 위치하며, 주거 지역은 아파트 100세대 미만 2개 단지를 제외하고는 모두 다세대·다가구주택과 단독주택 지역으로 정형외과가 입점한 입지의 행정동 인구는 3만 6,000여 명이었다.

연령 분포에서도 당시 평균 연령 43세로 10세 단위 인구 분포는 50대 > 30대 > 40대 > 20대 > 60대이고 각 연령대 분포의 편차는 크지 않다. 일반적으로 정형외과의 주요 환자군이 50대 이상임을 감안하면, 연령 편차가 크지 않다는 것은 연령별 고른 환자층과 신규 환자의 꾸준한 유입이 이루어진다는 것을 의미한다.

이 정형외과의 경우, 2018년 초 개원 이후 6개월이 지난 뒤부터 안정화를 이루었고 현재도 잘 운영되고 있다.

일반적으로 다세대·다가구·단독주택 거주 지역 주민들의 특징은 건물주와 세입자로 나뉘는데, 건물주의 경우 지역은 슬럼화되었더라도 안정적인 소득을 가진 층이 많다. 또한, 입주자들은 소득이 낮지만, 오랫동안 한 지역에 정착한 지역 장기 거주자들이 많다.

이런 지역은 보험 진료 중심의 환자들이 많아서 개원 콘셉트도 여기에 맞추어야 한다. 그런데 최근 몇 년 사이 수도권 아파트 가격폭등으로 인해서 재개발 기대감과 땅값 동반 상승으로 이제까지 변화가 없던 지역도 투기 세력들에 의한 거래와 지분 쪼개기 등으로 기존 입주자들이 내몰리는 상황이 이어지고 있다.

이런 상황이 시작되면 상권은 왜곡되고 무너지게 되며, 상업용 부동산 가격이 폭등하고, 임대료의 불안정성, 주거 안정성이 취약해져 신규 환자 유입이 어렵게 된다.

다세대·다가구·단독주택 주거 상권에서 주의할 것은 부동산의 불안정성으로 유동 인구가 급격히 감소하고, 상권 침체로 공실이 증가하는데, 특별한 개발 소재가 없는 상황에서 가격이 폭등한다면 인구도 감소하기 때문에 병의원 상권으로서는 주의해야 한다.

아파트(공동주택) 분류

① 개발 방식에 의한 분류

· 재개발·재건축 아파트

낡고 슬럼화된 지역이나 아파트를 허물고 재개발·재건축하는 경우다. 조합원의 동의와 사업 진행이 장기간 소요되지만, 일단 아파트 터 파기 공사가 시작되면 3년 전후로 입주가 이루어진다.

소규모 지역의 경우 기존 상권에 흡수되기도 하지만, 기존 상권의 영향력이 크지 않으면 아파트 단지 내 상가에서 한의원, 치과, 내과, 소아·청소년과, 이비인후과들이 오히려 경쟁력을 발휘하는 사례가 있다. 또한, 수도권의 경우 잠실주공, 가락시영, 고덕주공단지 등 단일 단지가 5,000세대 이상의 유입이 늘어나면서 단지 내 상가 자체가 하나의 상권을 형성하는 사례도 늘어나고 있다.

그러나 재건축 단지가 5,000세대 이상의 대규모 단지일 경우 높은 임대료와 경쟁 병의원 과목의 중복 개원 문제가 심각해질 수 있다. 또한, 진료 과목에 따라서 재개발·재건축 단지 내는 입주자가 이전 거주지와 멀지 않다면 기존 병의원을 이용할 가능성이 높으므로 세대수만큼 신규 환자가 늘어나진 않는다는 점도 주의해야 한다.

개원한다면 임대료가 높기 때문에 충분한 경쟁력을 가지고 선점하고, 후발 개원한다면 선점을 한 경쟁 병의원을 극복하기 위해서 투자의 규모가 커질 수밖에 없다는 점도 염두에 두어야 한다. 이 경우 경쟁 병의원보다 규모(면적), 필요 고가장비, 인력에 대한 투자가 커지기 때문에 선택에 신중할 필요가 있다.

이런 점 때문에 고덕주공단지 중 가장 먼저 입주를 시작했던 상일동역 고덕그라시움(4,932세대, 2019년 9월 입주) 상가에 치과를 개원할 예정이었던 원장님을 컨설팅하면서 마지막 코멘트로 "개원을 한다면 높은 임대료이지만 선점을 해서 먼저 개원을 하라"라고 말씀드린 적이 있다.

일반적으로 재건축 단지의 경우, 기존 거주자의 입주율이 높기 때문에 신도시나 택지지구의 신축아파트에 비해서 소득 수준이 높고 안정적이며, 평균 연령대도 높다. 또한, 치과 진료의 특성상 치료와 임플란트 시술이 시작되면 장기성을 요하기 때문에 선점을 해야만 경쟁력이 있고, 늦으면 그만큼 경쟁력이 떨어진다.

이 치과보다 먼저 조합원 분양상가에 개원한 치과가 하나뿐이라 시기적으로 크게 차이가 없게 두 번째로 개원했고, 입주가 늦었던 고덕아르테온(1,066세대, 2020년 2월 입주) 상가에서 개원한 치과들보다 앞서 개원할 수 있어 현재도 안정적으로 운영되고 있다.

· 신도시, 택지 지구의 아파트

도시 주거 안정을 위해서 택지를 조성해 대규모 주거단지를 개발한 것이 신도시나 택지 지구의 아파트들이다.

계획 단계에서부터 도시의 규모, 공동주택의 필지별 공급의 성격과 세대수, 입주 시기 등을 계획해서 공급하기 때문에 병의원 상권 형성의 예측이 가능하다. 도심 재건축 단지의 경우, 입주자의 이사 거리가 멀지 않아 새로운 병의원 상권 이용 빈도수는 기존 상권의 이용으로 세대수만큼 늘지 않는다.

다만, 신도시나 택지지구는 새롭게 유입되는 인구로 의원급 병의원 상권의 경우 외부 상권 거리가 멀고, 인접한 해당 지역 상권에 대한 이해도가 낮아 거주지 인근 상권 이용이 높을 수밖에 없다.

따라서 이런 상권에서 개원할 경우에는 입주 아파트의 성격과 세대수, 입주 시기 등을 고려해 개원 시기를 결정하는 것이 좋다.

② 아파트 성격에 의한 분류

도시 상권에서 대표적인 주거 형태는 아파트이며, 성격에 따라 분양과 임대로 구분할 수 있다.

• 분양 아파트

분양 아파트에는 공공이 주체가 되어 시행한 공공분양 아파트와 민간업체가 택지를 조성하거나, 매입해서 시행하는 민간분양 아파트가 있다. 분양 아파트는 임대 아파트에 비해 분양가가 고가이고, 한번 분양받으면 장기간 소유·거주하므로 상권 안정성이 높다는 장점이 있다.

그렇지만 분양 아파트라 하더라도 세부적 성격에 따라서 상권에 미치는 영향은 차이가 있다.

| 입주 시기 |

수도권의 경우 아파트 가격이 천정부지로 치솟으면서 입주자는 모두 고소득이라고 생각하지만, 1주택자라면 거주 목적이고, 대출에 의지하는 부분이 크기 때문에 가격만으로 아파트의 가치를 따지기는 어렵다. 다만, 분양 아파트 상권은 입주 시기에 따라서 활성화되는 정도나 장사가 잘되는 업종에 차이가 난다.

식음료 업종의 경우 입주 초기에는 칼국수와 같이 저렴하고 대중적인 업종이 잘되지만, 안정화가 되면 파스타, 초밥, 디저트 카페 등으로 세분화되는 게 일반적이다.

이는 병의원 상권에서도 마찬가지로, 입주 초기에는 생활이 안정되지 않았기 때문에 병의원 방문 횟수를 줄이고, 특히 비급여 과목이나 진료를 줄이게 될 가능성이 크다.

분양 아파트의 경우 입주 이후 대출을 포함한 자금 사정을 감안해 소비 계획을 세우고, 생활 안정이 되는 시기는 입주 이후 5년 전후로 본다. 따라서 비급여 과목과 진료를 콘셉트로 개원한다면 이런 점을 염두에 두고 계획을 세워야 한다.

| 단지 세대수 |

분양 아파트가 상권에 영향을 미치는 절대적인 요소 중 하나가 단지 세대수다. 단지 세대수가 많고 단지 내 상가의 지역 상권이 취약할 경우, 인근 주택가나 아파트들 주민들까지 집객해서 중심 상권 역할을 하는 경우가 있다(최저 기준 1,500세대).

| 면적, 평형대 |

과거 대형 면적 아파트는 4인 이상 가족이 거주할 가능성이 켰지만, 최근에는 출산율이 감소하고 1인 세대가 증가하면서 가족을 동반한 세대의 분양 아파트 선호도는 30평형대 초·중반대가 대세가 되었다. 30평형대 초중반 아파트에 거주하는 세대는 부모들이 30대 후반에서 40대 중반으로 10대 자녀를 동반한 가족일 가능성이 크다. 세대당 인구가 많을수록 생활은 주거지를 중심으로 이루어지기 때문에 병의원 상권도 주거지 인근에 형성된다.

이에 비해서 40평형대 이상 대형 면적인 경우에는 자가에 거주한 지 20년 이상 된 60대 이상 부부로 자녀들은 결혼해 명절 때만 보는 경우가 많다. 이들은 주거지 인근이나 원거리를 가리지 않고, 지명도를 가진 전문 병원을 다닐 가능성이 커서 주거지 인근에 새롭게 개원한 병의원을 찾을 가능성이 적다.

| 아파트 브랜드는? |

아파트 가격이 폭등하면서 똘똘한 한 채에 대한 기대감이 더욱 커졌다. 이것은 1군 건설업체가 시공하는 브랜드 아파트일수록 이사를 가는 것보다는 장기 거주하게 될 가능성이 크다는 것이다.

과목에 따른 차이가 있지만 1군 건설업체의 브랜드 아파트일수록 한 지역에서 오랫동안 거주한다. 따라서 반복적으로 찾는 진료 과목일수록 찾는 병의원을 정해놓고 방문하므로 재방문 비율이 높을 것으로 예측된다.

| 아파트 임대 계약 방식은? |

자가 아파트가 아닌 경우, 세입자들은 전세를 선호해 계약이 이루어졌고, 전세가 인상률이 크지 않아서 한 지역에 정착하면 장기간 거주를 했다. 따라서 병의원 이용 패턴 지역에서 반복적으로 이용하게 된다.

그러나 신규 아파트 공급이 막히고, 임대차 규제를 하면서 아파트값과 전세가가 폭등하고 저금리의 영향으로 전세보다는 반전세나 월세가 대세가 되었다. 전셋값이 매년 급격히 오르고 반전세가 대세가 되면서 매월 지불하게 될 월세에 대한 부담은 더욱 커졌다. 월세 부담이 커지게 되면 입주민들이 불필요한 소비를 줄이게 되며, 심지어 의료 비용도 줄일 수밖에 없게 된다.

지나치게 임대 매물이 많이 나오는 단지는 거래가 활발해 신규 환자 유입이 많다고 긍정적으로 생각할 수 있으나 장기 거주자가 줄어들면서 장기 내원하는 환자 숫자가 감소해 상권 안정성이 떨어진다.

임대매물의 과다 유무는 부동산 사이트나 단지 인근의 부동산 중개업소의 안내판을 통해서 확인할 수 있으니 참고하면 도움이 된다.

선택 상권 영향권 내에 아파트 단지가 다수 분포하고 있을 경우, 상권 영향력이 큰 아파트 단지의 현황과 표를 만들어보면 선택 상권과 입지의 경쟁력을 한눈에 확인할 수 있다.

상권 영향력이 큰 아파트를 중심으로 현황표를 만들어 정리할 때, 아파트(브랜드명), 세대수, 면적, 입주 시기를 표기하고, 경우에 따라 면적별 거래 시세를 표기해보면 상권 내의 대장 아파트가 어느 곳인지 확인할 수 있다.

일반적으로 같은 행정동이라 하더라도 대장 아파트를 중심으로 영향력 큰 아파트가 분포하고 상권, 입지 경쟁력이 커진다.

다음은 1만 2,379세대인 분양 아파트를 중심으로 용인시 수지구 동천동 아파트 현황표와 아파트 분포도다.

동천동 아파트는 96%가 2000년 이후 입주 아파트로 브랜드 아파트 분포가 높고, 1개 단지의 평균 세대수도 500세대 이상의 비중이 높아서 지역의 배후 세대 조건으로는 우수하다.

아파트 단지 현황표를 만들었다면, 이 현황을 중심으로 각 단지의 분포도를 만들어보자. 직접 표를 그리다 보면 어떤 입지를 중심으로 경쟁력 있는 단지가 분포하는지 알 수 있다.

이 현황표와 분포도는 이전에 개원 상권 조사를 하면서 작성했던 것이기 때문에 각각의 입지의 세부 평가는 생략했다는 점을 이해 부탁한다.

용인시 동천동 아파트 현황표(분양 아파트 지역 사례)

아파트명	세대수	입주시기	평형대
더샵동천이스트포레	980	2020. 3	103, 112, 113, 137, 142
동문그린	227	1998. 11	79, 111
더샵파크사이드	330	2018. 8	112, 135, 136
삼성쉐르빌	64	2000. 9	192, 226
굿모닝힐 3차	181	2001. 11	105, 145, 182
굿모밍힐 5차	1,334	2007. 1	108
굿모닝힐 6차	220	2007. 1	158
동천마을 영풍	149	2003. 7	80, 81, 107
현대홈타운 1차	466	2002. 4	122
현대홈타운 2차	1,128	2002. 4	81, 122
동천센트럴자이	1,057	2019. 5	79, 101, 102, 109, 110, 100, 111, 134
동천자이	1,437	2018. 8	101, 102, 114, 115, 135
동천파크자이	388	2019. 7	81, 82
벽산블루밍	182	2004. 11	109
수진마을 1단지	627	2004. 1	92, 109
수진마을 2단지	344	2004. 1	129, 142
수진마을 3단지	396	2004. 1	84, 86
수진마을 4단지	262	2004. 1	92, 112
수지 풍림 2차	271	1998. 12	84, 108, 140
행림마을 진로	269	2000. 4	80, 108, 164
원천마을 푸르지오	190	2003. 4	80, 109
한빛마을 1단지	460	2010. 5	146, 154, 163, 167, 180, 250, 252, 330
한빛마을 2단지	428	2010. 5	110, 113, 114, 115, 116, 132, 137, 140, 148, 149, 181, 211, 253, 338
한빛마을 3단지	885	2010. 5	109, 111, 145, 152, 182, 210, 211, 230, 253, 335
한빛마을 4단지	620	2010. 5	145, 160, 162, 187, 204, 211, 220, 222, 232, 244, 246, 260, 318, 325
한화 포레나	293	2022. 3	103, 104, 117, 118
합계	12,379세대		
비고	동천동 분양아파트 현황, 도시형주택은 제외 96%가 2000년 이후 입주 아파트		

아파트 분포도

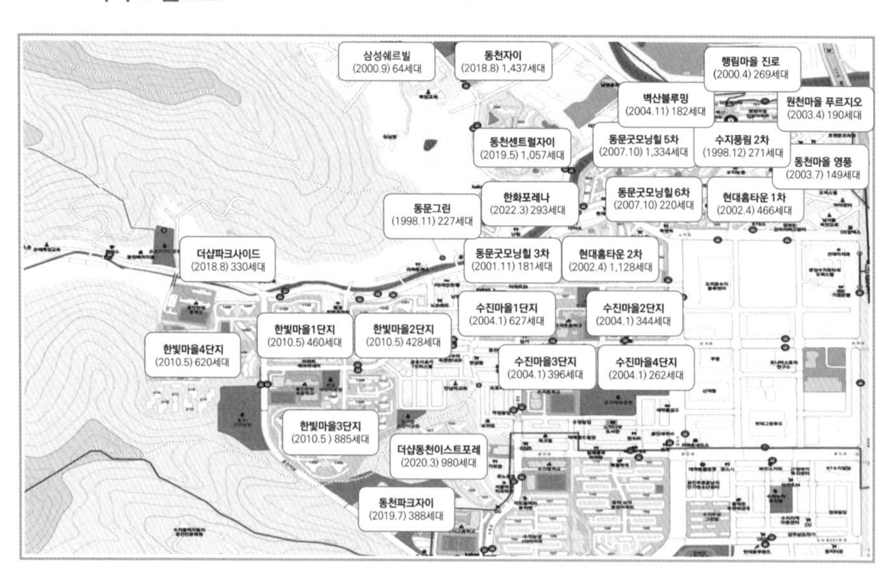

· 임대 아파트

분양 아파트의 거주 형태는 직접 거주를 하거나, 다주택자 또는 불가피하게 지방 이주 등으로 거주하지 못할 경우, 전·월세 세입자 형태로 거주하게 된다. 자가에서 직접 거주하거나, 세입자로 거주하더라도 대다수 거주 형태는 자녀를 구성한 가족 세대가 많은 것이 공통적인 특징이다.

자녀와 함께 거주하는 세입자는 자녀들의 학교 문제로 전·월세가가 급격히 변하지 않는 한 되도록 같은 아파트에 오래 머물기를 원한다. 따라서 분양 아파트 인근 상권은 입주만 원활히 이루어지면 상권이 한번 정착되었을 때 크게 바뀌지 않는다.

이에 비해 임대 아파트는 서민과 저소득층, 소외계층의 주거 안정을 목적으로 LH나 SH공사와 같이 지방 도시 공사들이 택지를 조성하고 아파트를 시행하고 공급한다.

임대 아파트는 정부나 지방자치단체의 본래 공급 목적이 있지만, 정권이 바뀌어서 새로운 정부가 들어서면 정부의 가치를 위해서 사업을 실행하는 경우가 더 많다.

오랫동안 서민 주거 안정을 목적으로 진행된 국민 임대(전용 60㎡ 이하), 일정 기간 임대 후 분양으로 전환하는 공공 임대(통상 10년 임대 후 전환), 그리고 주변시세의 80%에 공급하는 장기전세, 저소득층과 차상위계층을 위한 영구 임대, 민간 임대, 청년주택, 행복주택 등 다양한 임대주택이 현재도 유지되고 있지만, 임대주택 사업의 명칭들은 이제까지 30여 가지

임대주택의 종류

아파트명	임대구분	세대수	입주자격(해당지역 거주자)	면적㎡(임대료)	입주년월
천안○○지구 국민 임대	국민 임대	371세대	입주자 모집 공고일 '21.11.15. 현재 성년자인 무주택세대구성원으로서 아래의 소득 자산보유 기준 기타 법에 정한 요건 충족 및 입주자격제한 불법양도 전대에 해당하지 않는 자	33형 (보증금 1,403만 원/월 67,050원) 46형 (보증금 2,934만 원/월 66,710원) - 2021년 11월 기준	2009년 11월 입주
파주운정 ○○블럭	영구 임대	452세대	영구 임대 입주 대상자 : 가군, 나군	26A형 = 2-2 가군 : 보증금 206만 3,000원 /월 51,840원 나군 : 보증금 1,459만 6,000원 /월 102,090원	2023년 2월 예정
천안○○지구 신혼희망타운	행복 주택	350세대	신혼부부, 예비신혼부부, 한부모가족	55형 (보증금 8,640만 원/월 396,000원)	2022년 12월 예정
X크루	청년 주택	252세대	대학생, 청년, 신혼부부	15형 (보증금 : 2,692만 원/월 6,500원) 30형 (보증금 5,872만 원/월 142,000원)	2022년 5월 예정
인천 도화 ○○블럭 누구나집	민간 임대	520세대	만 19세 이상 인천시 거주자, 최장 10년 임대 후 분양 전환 (또는 2년 단위 재계약)	59A형 기준 (보증금 3,720만 원/월 417,000원) 74A형 기준 (보증금 4,430만 원/월 522,000원) - 2016년 입주 모집 기준	2016년 12월

나 있다.

이런 상황이기에 역대 정부에서 임대주택사업을 통합해 정리하겠다고 이야기했지만 지켜지지는 않았다.

임대주택은 도심 공공부지나, 공공택지지구를 조성해 대규모로 공급하게 되는데, 같은 부지 면적의 분양 아파트에 비해서 비교할 수 없을 정도로 세대수가 많지만, 상권 영향력이 현저히 떨어진다.

앞서 언급했듯이 임대 아파트는 종류에 따라 상권 영향력에서 크게 차이가 나지만, 종류와 이름이 자주 바뀌기 때문에 이를 평가하기 어렵다. 따라서 임대 아파트의 상권 영향력을 평가할 수 있는 기준을 가지고 판단해야 한다.

| 면적 |

임대 아파트는 면적이 넓을수록 가족 세대가 거주할 가능성이 크고, 면적이 작을수록 가족 세대가 거주할 가능성이 작아서 아파트 인근에 상권이 형성되기 어렵다. 대표적인 임대 아파트인 국민 임대주택 면적은 전용면적 60㎡ 이하다.

| 입주자 자격 조건 |

국가나 지방자치단체에서 시행, 공급하는 임대 아파트의 입주 자격은 엄격히 관리한다. 입주자들이 정상적인 가족으로 구성된 입주자들이 많을수록 상권에는 긍정적인 영향을 미친다. 특히, 거주지 내에서 소비가 이루어지지 않는 특정 계층, 예를 들어 청년주택, 행복주택, 신혼부부주택의 경우, 외부 상권에서 소비가 이루어지고, 거주지에는 잠만 자기 때문에 특정 업종 외에는 상권이 활성화되지 않는다.

| 임대료, 임대 조건 |

가족이 거주하고 충분한 세대수가 확보된 임대 아파트이지만 좀처럼 상권이 활성화되지 않는 대표적인 아파트는 영구 임대 아파트로, 지역에 따라서 차이가 있지만, 보증금 1,000만 원, 월세 10만 원대로 낮다.

과거 영구 임대 아파트의 상권 조사를 수행해보면 세대수만 믿고 진입했다가 폐업한 업종들이 많다. 세대수가 많다고 하더라도 영구 임대 아파트 앞 병의원은 필요 급여진료 과목도 기피한다. 임대 아파트 종류에 따라 월세를 임대보증금으로 전환이 수월해 보증금이 많을수록 입주민들은 지역에 애착이 커서 지역 상권을 이용할 가능성이 크다.

| 임대 기간 |

국민 임대는 가족이 거주할 수 있는 넓이로 2년 단위로 계약하고 인상률도 엄격히 정해져 있어서 임대 아파트 중에서는 주거 안정성이 높다. 또한, 공공임대의 경우 10년 뒤 분양으로 전환되며, 민간 임대의 8년이 계약 기간이다. 재계약이 수월하고, 임대 기간이 길수록 임대 아파트는 주거 안정성이 뛰어나다.

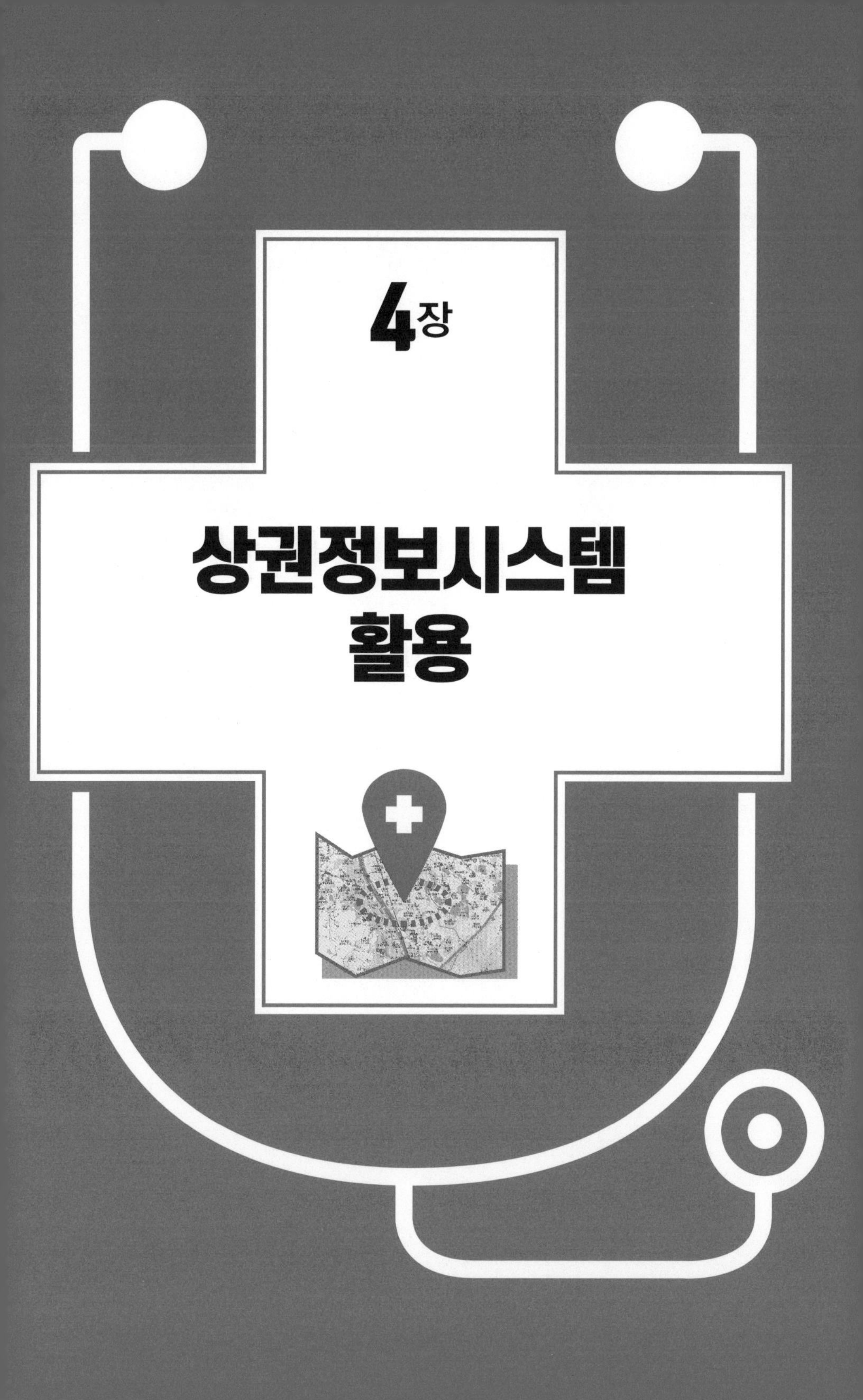

4장

상권정보시스템 활용

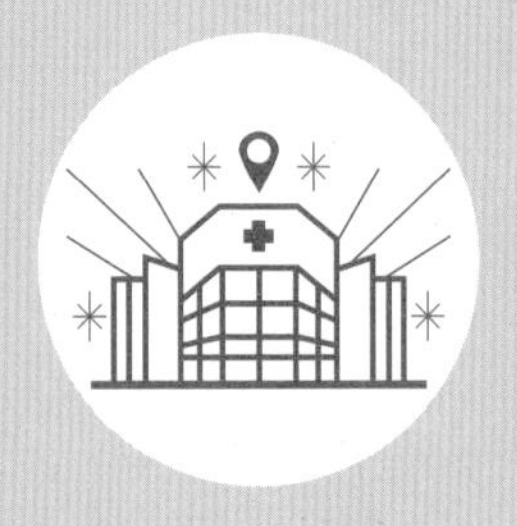

상권정보시스템을 활용한 상권 분석

병의원 상권 조사와 분석을 위해서 사용할 수 있는 도구나 시스템이 많지만, 손쉽게 사용할 수 있는 것은 소상공인시장진흥공단에서 운영하는 상권정보시스템이다. 상권정보시스템 서비스는 2006년 소상공인(자영업자)의 창업과 경영 활동을 지원하기 위해 시범서비스를 시작했다.

상권정보시스템의 업종 분류에는 병의원 관련 업종은 없지만, 상권정보시스템을 이용하는 업종별 사용자 조사를 해보면 의료종사자들의 사용이 항상 선두를 유지하고 있다는 통계가 있다. 그만큼 의료인들도 상권 조사를 위해서 상권정보시스템을 폭넓게 사용하고 있다는 것을 의미한다. 이것은 개원을 위한 상권 조사에서 상권정보시스템의 효용성이 높다는 이야기다.

병의원의 개원 시 데이터를 활용한 입지분석이 잘 활용된다는 사실은 시사하는 점이 크다고 할 수 있는데, 그만큼 입지에 대해서 다각적인 검토를 한다는 의미이기도 하다. 데이터를 통한 상권의 이해가 점포 창업뿐만 아니라 병의원 영역에서도 꼭 필요한 과정임을 방증하는 것이기도 하다.

상권정보시스템 이용 효용성은 상권 분석을 위한 선택 상권 범위를 이전에는 반경 단위로 단순했지만, 지금은 기계적이지만 선택의 범위가 넓어진 것도 사용자의 폭을 넓히는 데 도움이 되었다.

상권정보시스템의 상권 범위 조건을 보면 ① 임의의 범위(최대 1,500m 이내)를 원으로 그리기, ② 100m에서 최대 1,500m까지 반경 범위 설정, ③ 다각형으로 직접 그려서 상권 범위를 설정, ④ 일정 상권 블록을 지정하기의 방법으로 선택하도록 되어 있다.

이런 상권 범위는 개발자 입장에서 국내 상권이 도시를 중심으로 형성되고, 상권 간 경계가 불명확한 점을 감안해 상권 분석 주체가 직접 그리도록 한 것은 분명히 의미가 있다.

그러나 이것 역시 상권 초보자에게는 상권 범위를 직접 그리거나 블록을 지정해야 하는 등 만만치 않은 작업이다. 더구나 범위를 잘못 설정하고 상권 분석을 진행한다면, 이 역시 여간 낭패가 아니다.

아직까지 의료 상권 분석을 위한 변변한 책이나 논문조차 전무한 상황에서 의료 상권의 범위를 정하기 위해서는 상권을 이해할 새로운 기준이 필요하기 때문에 조사의 다양성 차원에서 상권정보시스템 사용은 의미가 있다. 물론 향후 상권정보시스템에서는 업종별·지역별로 표준적인 상권 영역을 제공하거나 알고리즘을 통해 적합한 분석 영역을 추천하는 기능의 제공이 필요할 것으로 보인다.

교통이 편리해지면서 병의원 상권은 점점 넓어지고, 심지어 지방 환자들도 당일에 서울의 대학병원이나 종합병원에서 진료를 받을 수 있을 정도로 상권 범위를 구분하는 게 어려워졌다. 그러나 개원을 준비하는 병의원, 치과, 한의원이 상권 범위를 선택할 때 특정해서 구분하는 데는 기계적으로라도 상권정보시스템만큼 좋은 도구는 아직 없다.

또한, 병의원 상권 분석에서 가장 필요한 배후 상권에서 타깃 환자 확인을 위한 인구 분석과 지역의 환경요인 확인을 위한 지역 분석은 그만큼 효용성이 크다.

이런 점을 고려해 상권정보시스템을 활용한 분석 자료 중 어떤 자료가 의미가 있고, 이를 어떻게 활용할 것인지 실제 사례를 설명하려고 한다.

상권정보시스템 활용 실전

행정동 인구 사례로 든 송파구 잠실2동이 포함된 서울 지하철 2호선 잠실새내역 반경 700m를 기준으로 상권정보시스템을 활용하는 법에 대해서 설명하려고 한다.

잠실새내역 700m 반경은 행정동으로 잠실2동 전부, 잠실3동과 잠실본동의 일부를 포함하는 지역이다. 주요 주거 형태는 잠실주공 1, 2, 3, 4단지를 순차적으로 재건축한 잠실엘스(5,678세대), 리센츠아파트(5,563세대), 트리지움(3,696세대), 레이크팰리스(2,678세대)와 재건축이 이루어지지 않은 잠실주공 5단지(3,930세대)와 잠실본동 주택단지, 전통시장인 새마을시장과 잠실새내역 상권이 위치한 상권이다.

실제 상권 영역이 미치는 700m 반경을 기준으로 상권정보시스템을 활용한 상권 분석을 하는 과정을 설명하겠다.

1단계 : 상권정보시스템 로그인 분석 선택 단계

① **검색과 접속** : 상권정보시스템을 검색해 접속한다.
(https://sg.sbiz.or.kr/)

② **회원가입 > 로그인** : 서비스를 이용하기 위해서는 회원가입 후 로그인이 필요하다.

③ **상권 분석** : 회원 로그인 우측 3선 바(≡)를 클릭한 뒤, 상권 분석 > 상세 분석을 클릭하면 상권 분석 화면으로 들어갈 수 있다.

상권정보시스템 메인화면

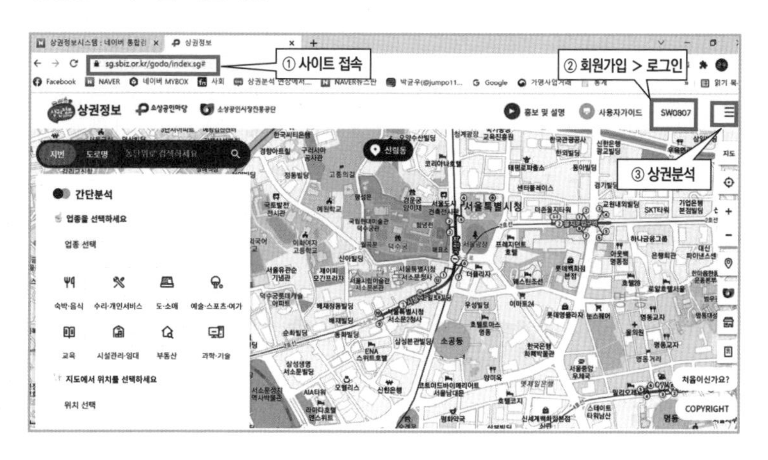

상권 분석 조건 선택

다음 화면에서 상권 분석 > 상세 분석 선택 후 상권 분석의 세부 조건 4가지를 순차적으로 선택하는 화면이다.

① **주소지 선택** : 상권 분석을 수행할 주소지를 선택하는 화면이다.

② **상권 분석 좌표지** : 상권 분석을 할 상권 범위의 중심 좌표를 선택한다.

③ **임의의 업종 선택** : 상권정보시스템은 앞서 언급한 대로 소상공인의 창업과 경영지원을 위해서 만든 시스템으로, 해당 업종에는 병의원 관련은 없다. 임의의 업종 선택을 하

상권 분석 조건 선택 화면

는 것은 상권 범위 내의 병의원 상권 조사를 위해서 활용할 수 있는 데이터를 도출하기 위한 작업이다.

④ **상권 범위 선택** : 앞서 언급한 대로 상권 범위 선택 방법 4가지 중에서 반경을 선택한 뒤 700m를 선택한다.

분석 도출의 단계

2단계의 조건을 모두 선택한 후, 반경 700m 범위의 상권 분석을 할 것인지 선택 화면이 나타나면 분석을 클릭한다.

분석 도출 단계

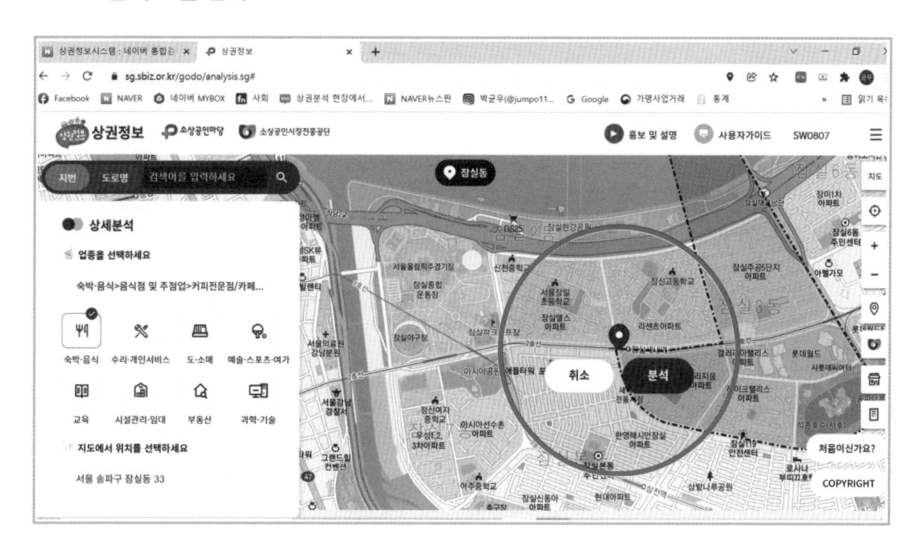

보고서 화면 출력

앞 단계에서 상권 분석 메뉴를 클릭하면 상권 범위의 상권 분석보고서를 얻는다. 이 중에서 상권 분석은 병의원이 아닌, 임의의 업종을 선택해 얻은 데이터로 업종 분석, 매출 분석과 소득·소비, 상권 평가를 제외한 인구 분석과 지역 분석의 2가지 항목에서 의미 있는 데이터를 활용할 수 있다.

상권 분석보고서 출력 화면

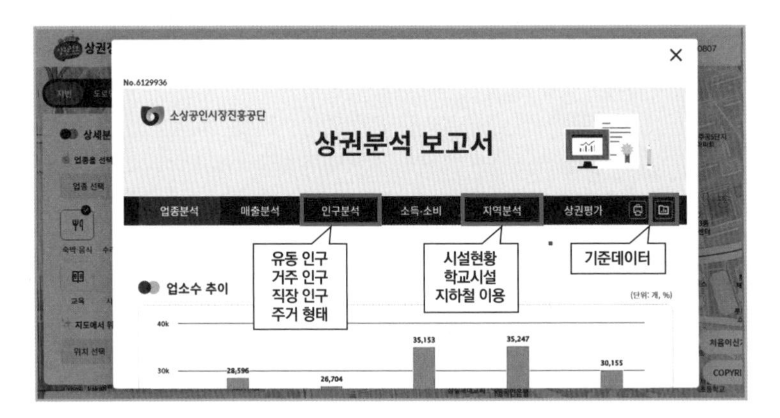

상권 분석보고서 – 기준 데이터

상권 분석보고서에서 도출되는 결과들을 어떤 데이터를 활용해서 어느 시점에 가공해 결과를 얻었는지에 대한 코멘트다.

상권정보시스템을 신뢰하지 못하는 분들은 데이터 전체를 부정하는 경우도 있지만, 데이터 중에서 검증이 가능한 인구 데이터와 지역 분석 데이터는 통계청이나 행정안전부, 국토교통부 통계를 확인해보면 90% 정도 신뢰할 수 있는 수준으로 병의원 상권 추세 이해에 도움이 된다.

10% 정도의 오차가 발생하는 부분은 데이터의 가공 과정과 상권 범위를 어떤 좌표점을 기준으로 범위를 설정느냐에 따라 차이가 난다고 보면 된다. 이 정도로 정확함을 가지고 있다면, 충분히 신뢰하고 해당 상권 추세를 반영할 수 있다고 판단되지만, 상권 조사는 데이터만 가지고 판단하는 데 한계가 있으므로 현장 조사와 병행해 상권 분석을 한다면 유용하게 활용할 수 있다.

병의원 상권 조사에서 활용할 수 있는 데이터는 타깃 환자가 어느 정도 유입될 것인지의 인구에 대한 부분과 지역 상권 환경을 반영할 수 있는 데이터들로, 주요 내용은 다음과 같다.

보고서 도출 내용의 출처 및 시점 정보 가공 내용

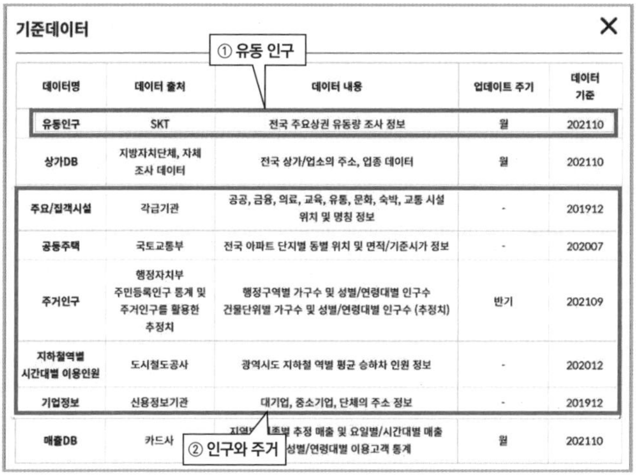

기준데이터 ×

① 유동 인구

데이터명	데이터 출처	데이터 내용	업데이트 주기	데이터 기준
유동인구	SKT	전국 주요상권 유동량 조사 정보	월	202110
상가DB	지방자치단체, 자체 조사 데이터	전국 상가/업소의 주소, 업종 데이터	월	202110
주요/집객시설	각급기관	공공, 금융, 의료, 교육, 유통, 문화, 숙박, 교통 시설 위치 및 명칭 정보	-	201912
공동주택	국토교통부	전국 아파트 단지별 동별 위치 및 면적/기준시가 정보	-	202007
주거인구	행정자치부 주민등록인구 통계 및 주거인구를 활용한 추정치	행정구역별 가구수 및 성별/연령대별 인구수 건물단위별 가구수 및 성별/연령대별 인구수 (추정치)	반기	202109
지하철역별 시간대별 이용인원	도시철도공사	광역시도 지하철 역별 평균 승하차 인원 정보	-	202012
기업정보	신용정보기관	대기업, 중소기업, 단체의 주소 정보	-	201912
매출DB	카드사	지역[illegible]종별 추정 매출 및 요일별/시간대별 매출 [illegible]성별/연령대별 이용고객 통계	월	202110

② 인구와 주거

① 유동 인구 조사

상권정보시스템의 분석 방법인 다양한 데이터를 가공해 정보를 제공하기 이전에는 조사 지점에서 사람이 직접 카운트하는 방식으로 유동 인구를 조사했다. 조사 지점 통행량 조사 방식은 앞서 언급했듯이 날씨와 계절에 따라서 편차가 크고, 사람이 실제 조사를 수행했는지 신뢰도에 문제를 일으켰다.

물론 아직도 직접 카운트하지 않은 수치는 신뢰할 수 없다고 하시는 분들이 있지만 직접 카운트 방식은 조사 시점에 따라서 예상보다 더 큰 오류를 발생시키는데, 그 원인은 다음과 같다.

- **요일에 따라서** - 이것도 어떤 상권이냐에 따라서 차이가 난다. 주택지 상권은 주말에 유동 인구가 많고, 오피스 상권은 주중보다는 금요일에 피크를 이루게 되며, 주말에는 공동화 현상이 나타난다.
- **날씨에 따라서** - 기후, 온도 변화에 따라서 큰 차이를 보인다.
- **계절에 따라서** - 겨울보다는 봄이나 가을에 유동 인구가 많고, 여름 휴가철에는 유동 인구가 적다.

빅데이터 상권 분석이 일반화되면서 유동 인구 조사 방식은 정확도가 높은 이동통신(SKT) 기지국 Call 수를 기반으로 다른 업체의 수치를 보정하는 방법을 사용했다고 한다(타 업체

수치 보정은 시장 잠재력 기반으로 추정됨).

이 방법은 상권 내 차량과 도보를 통해서 이동하는 인구, 지역 거주자, 직장인 등 실질적으로 상권 내 이동, 상주하는 인구를 모두 반영한 수치라고 보면 된다.

② 인구와 주거

정기적으로 조사되는 통계자료를 이용해 타깃 환자층을 조사할 때 사용한다.

③ 환경 분석

상권 환경 분석을 통해 상권 현황을 파악할 수 있다.

상권 분석보고서 : 인구 분석 – 유동 인구 편

① 유동 인구 의미

유동 인구는 SKT 이동통신의 기지국 Call 수를 기반으로 하기 때문에 실질적으로 상권 내에서 이동하고, 거주·상주하는 모든 수치를 반영한다고 언급했다. 따라서 유동 인구 수치가 많을수록 상권의 집객력과 확장성이 크거나 실질적으로 상권 내 거주·이동하는 사람들이 많다고 보면 된다.

서울의 경우 1일 20만 명, 지방의 경우 10만 명을 넘어선다면 유동 인구가 A급 수치에 속한다고 보면 된다. 다만, 유동 인구는 1년 동안 흐름을 반영하는 수치로 코로나와 같은 팬데믹

1년간 유동 인구 현황과 주말, 주중 1일 평균 유동 인구

유동인구 ①

지역	'20.10	'20.11	'20.12	'21.01	'21.02	'21.03	'21.04	'21.05	'21.06	'21.07	'21.08	'21.09	'21.10
분석영역	203,986	205,256	190,442	190,482	189,145	203,707	211,466	210,305	222,606	216,270	215,428	218,656	203,644

> 주중/주말, 요일별 일 평균 유동인구 ②

지역	구분	주중/주말		요일별						
		주중	주말	월	화	수	목	금	토	일
분석영역	명	208,129	193,283	197,534	208,786	208,436	208,330	217,563	208,344	178,224
	비율	0.5%	0.5%	0.1%	0.1%	0.1%	0.1%	0.2%	0.1%	0.1%

상황에서는 이동이 급격히 감소하기도 한다.

또한, 동일 상권 반경 내라도 상권에 유입될 수 없는 단절되는 지형지물(하천, 다리, 지상 철로 등)과 자동차도로 등이 있을 경우, 유동 인구가 많더라도 실질적으로 상권에 미치는 요소는 작다.

② 주말, 주중 요일별, 일평균 유동 인구

병의원 과목마다 경쟁이 치열해지면서 365일 연중무휴로 문을 여는 의료기관도 하나의 추세로 나타나고 있지만, 일주일 중에 하루를 쉬거나, 단축근무를 할 때 가장 유동 인구가 작은 요일을 선택할 때 요일별 일평균 유동 인구 추이는 의미가 있다.

③ 성별·연령별 일평균 유동 인구

환자의 연령대, 성별에 차이가 나는 병의원 과목의 타깃 환자층을 설정할 때 참고할 만한 자료다. 성별·연령에 따른 환자층을 특정할 때 함께 사용할 수 있는 것이 행정구역의 인구 통계와 상권정보시스템의 상권 범위 내 주거 인구, 직장 인구다.

성별·연령별 유동 인구 현황과 시간대별 1일 유동 인구

> 성별/연령별 일 평균 유동인구 ③

지역	구분	일일	성별		연령별					
			남성	여성	10대	20대	30대	40대	50대	60대이상
분석영역	명	203,644	105,272	98,372	22,140	22,487	31,497	52,179	36,698	38,644
	비율		0.5%	0.5%	10.9%	11.0%	15.5%	25.6%	18.0%	19.0%

> 시간대별 일 평균 유동인구 ④

지역	구분	00~06시	06~11시	11~14시	14~17시	17~21시	21~24시
분석영역	명	28,667	44,874	28,179	31,023	46,169	24,729
	비율	14.1%	22.0%	13.8%	15.2%	22.7%	12.1%

④ 시간대별 일평균 유동 인구

시간대별 일평균 유동 인구를 세부적인 시간 단위로 유동 인구를 도출했다면, 병의원 업무시간, 휴식시간 조정에 유용한 자료로 사용할 수 있다.

그러나 데이터가 소상공인 업종에 초점이 맞추어져 있어 3~4시간 단위 구간으로 유동 인구 데이터를 도출한다. 따라서 대부분 의원급 병의원의 업무시간이 9~18시 상황에서 주

거지는 9~13시 구간에 환자가 집중된다는 점을 고려하면, 시간 단위로 일평균 유동 인구가 도출되지 않았다면 상권정보시스템의 시간대별 유동 인구는 사용에 무리가 있다.

상권 분석보고서 : 인구 분석 – 주거 및 직장 인구 편

① 주거 인구

인구 통계는 행정동 주민등록인구 통계를 기반으로 하고, 여기에 상권정보시스템의 주거 인구와 유동 인구 통계를 혼합해 사용한다. 그러나 행정동이라도 상권 범위에 포함되기도 하고, 그렇지 않을 경우도 있기 때문에 특정 상권 범위를 설정해 인구 분석을 할 때 상권정보시스템의 거주 인구는 유용하게 사용한다.

실질적으로 주민등록인구 통계와 상권 범위를 설정해 비교했을 때, 여러 번의 시뮬레이션을 해봐도 2개 데이터 간 근사치와 가깝기 때문에 신뢰해서 사용해도 무방하다.

상권 범위 내 주거와 직장 인구 현황

주거인구 ①

지역	구분	전체	성별		연령별						
			남성	여성	10대미만	10대	20대	30대	40대	50대	60대이상
분석지역	명	48,911	23,285	25,626	4,489	6,580	5,670	6,381	10,369	7,051	8,371
	비율	100%	47.6	52.4	9.2	13.4	11.6	13.0	21.2	14.4	17.1

직장인구 ②

구분	전체	성별		연령별				
		남성	여성	20대	30대	40대	50대	60대이상
수	6,206	2,904	3,302	926	1,499	1,449	1,225	1,107
비율	100.0%	46.8%	53.2%	14.9%	24.2%	23.4%	19.7%	17.8%

② 직장 인구

직장 인구 데이터는 앞서 기준데이터 항목의 기업정보에서 신용정보기관의 직장정보를 기반으로 한다. 직장 인구는 상권 내 주간 상주 인구를 증가시키는 요소로 작용해 주간에 진료하는 상권 내 의원급 병의원의 타깃 환자층으로 볼 수 있다.

특히 직장 인구가 많은 지역은 안정적인 경제활동을 하는 층으로 볼 수 있어서 비보험형 과목들의 개원에 도움이 된다.

기업들과 소상공인 지역이 혼재하는 상권의 경우, 업주와 직원이 폭넓게 전 세대에 분포한다. 20~30대는 일반적인 직장인, 40~50대는 전문직, 중간관리자, 60대 이상은 전문직, 기타 단순직으로 분류할 수 있다. 상권에 따라서 직장인이 집중되는 대기업 집단의 근무자들이 많은 지역의 경우, 보조적으로 기업별 근로자 숫자, 교대 시간, 사내 병의원 운영 유무도 개원에 중요한 기준이 되므로 확인해두면 도움이 된다.

상권 분석보고서 - 거주 형태 편

도시 지역의 주거가 아파트 중심으로 정착되면서 지역에 따른 아파트 거래 시세, 면적은 국토교통부 실거래시세, 네이버나 KB 부동산 시세 등을 통해서 확인할 수 있어 상권정보시스템의 면적별 기준 시가보다 유용한 자료다. 다만 거주 형태와 아파트 동/세대 추이는 지역의 거주 형태 추이를 살펴보는 데 유리하다.

① 거주 형태

아파트와 이외 지역 주거 형태(다가구주택, 단독주택, 기타)로 분류한다. 아파트 비중이 높은 도심 주거 지역이나 신도시, 택지 지역의 경우 아파트 중심으로 상권이 형성되지만, 다가구주택, 단독주택, 기타 주거 형태가 많은 지역의 경우, 상가는 산재하는 형태로 발전한다. 잠실새내역도 잠실주공 재건축 단지 내 근린상가 중심으로 상가가 형성되고, 잠실본동 방향의 전면은 업무, 의료, 금융, 생활 소비, 이면도로는 유흥 숙박 형태의 상가들이 산재한다.

주거 형태 및 아파트 현황 추이

주거형태 ①

구분	가구수	주거형태	
		아파트	이외
수	18433	12247	6186
비율	100%	66.4%	33.6%

> 아파트 동/세대수 추이 ②

2018년		2019년		2020년	
동	세대	동	세대	동	세대
153	12,247	153	12,247	153	12,247

② 아파트 동/세대 추이

3개년 동안의 선택 상권 범위 내 아파트 동/세대 추이를 확인할 수 있다. 이 항목은 입주가 시작된 신도시 지역의 경우 매년 입주 아파트가 어떻게 차이가 나는지 살펴보는 데 유용하다.

상권 분석보고서 – 시설 추이

① 주요 시설 추이

상권에 영향을 미치는 시설이 얼마나 많이 분포하고 있는지를 확인할 수 있다. 특히 지역 주민들이 주간에 집중되는 업종들이 많을수록 병의원 상권에 유리하다. 대표적으로 의료·복지·금융이 집중될 경우, 지역 주민들의 이동과 집객이 이루어지고 있어 의료 상권으로 유용하다. 이에 비해 숙박시설이 많은 지역이나 유흥 상권이 발달한 지역은 야간 상권이 활성화된 지역으로 병의원 상권과는 맞지 않는다.

이 지역은 잠실새내역을 중심으로 아파트 지역과 상가 지역이 분리되어 업무·금융·의료 상권과 유흥상권이 혼재하는 지역이다.

주요 시설 추이 및 학교 시설

> 주요시설 추이 ①

구분	지역	주요시설				집객시설			교통시설
		공공기관	금융기관	의료/복지	학교	대형유통	문화시설	숙박시설	
선택영역	분석지역	6	36	157	12	3	3	23	10

학교시설 ②

(2021년 10월 기준, 단위 : 개(명))

대학교	고등학교	중학교	초등학교	유치원
학교수(학생수)	학교수(학생수)	학교수(학생수)	학교수(학생수)	학교수(학생수)
0(0)	3(2,088)	2(2,383)	3(4,167)	4(320)

② 학교 시설

상권 범위 내 학교 시설과 학생수 추이로 같은 주거 인구라도 학생수가 많은 지역의 경우, 가족 구성원이 근거리 병의원을 이용할 가능성이 크다고 볼 수 있다. 특히 도보 통학권에서 가장 짧은 초등학교 학생수가 많은 상권은 상권 내 병의원을 이용할 가능성이 크다.

지하철 이용 현황

지하철 역세권은 지하철이 운행되지 않는 울산시를 제외하고, 운행되는 광역시 모두에 크든 작든 상권에 영향을 미친다.

지하철 역세권 영향은 승하차 인구의 많고 적음으로 상권 영향을 확인할 수 있다. 상권정보시스템에서도 지하철 이용객 숫자 정보를 제공하는데 과거보다 정확도가 대폭 상향되었고, 실제 국토교통부 철도통계 자료와 직접 비교해봐도 95% 정도의 정확도를 보여준다.

또한, 3년간의 연간 평균 이용객 숫자 정보들 제공해서 상권이 어떻게 변하고 있는지를 볼 수 있는데, 다음 자료를 보면 코로나19가 영향을 미친 2020년에 이용객이 급속히 감소했음을 알 수 있다.

지하철 승하차 추이

> 지하철 이용 현황 잠실새내

노선구분	역명	일평균 승하차 인원		
		2018	2019	2020
	잠실새내	53,022	49,866	34,068

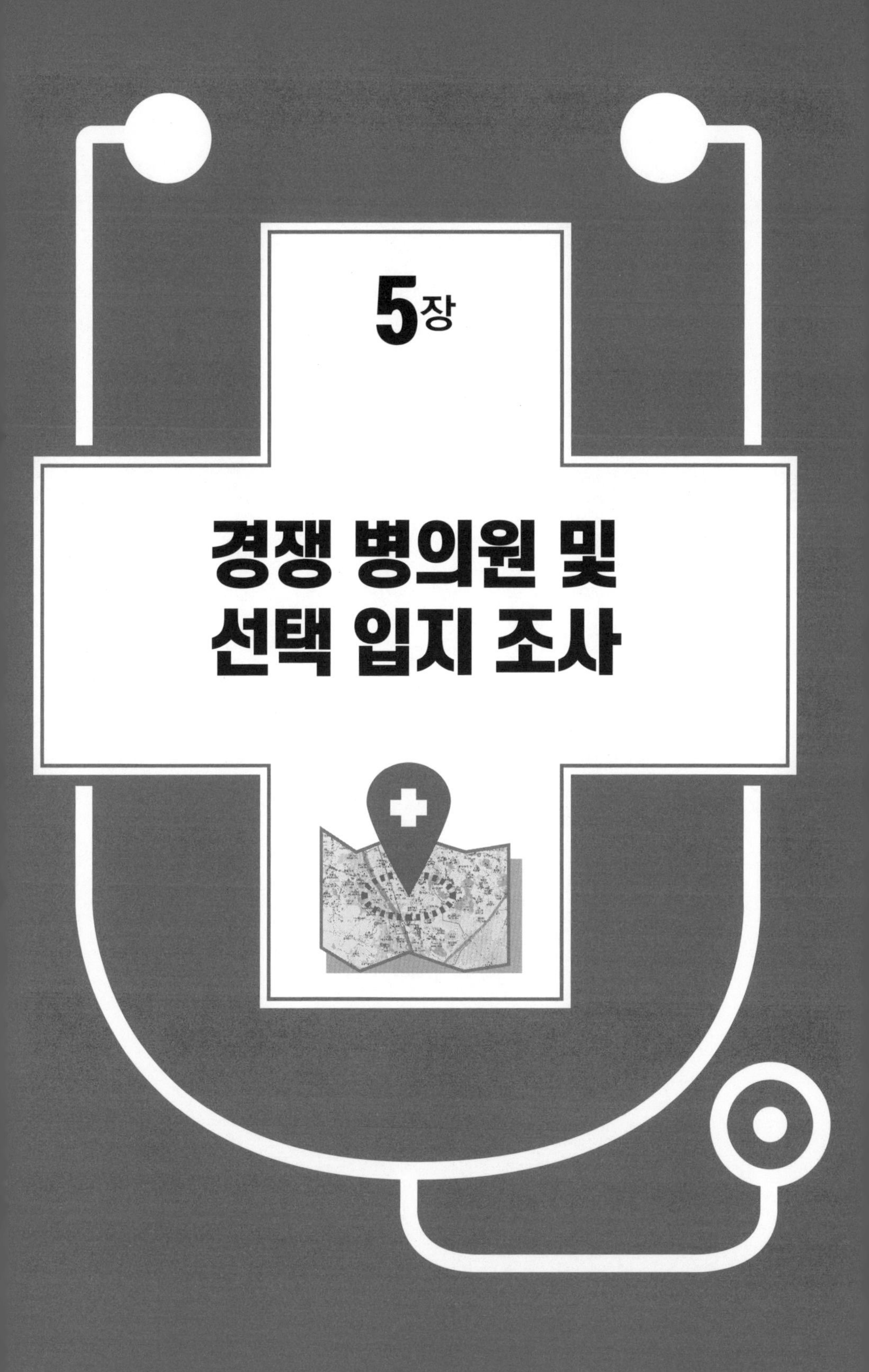
5장
경쟁 병의원 및
선택 입지 조사

경쟁점과 선택 입지 조사

개원을 위해서 상권 선택을 했다면 다음은 선택 상권에서 어떤 입지, 즉 어떤 건물을 선택할지에 대한 문제가 남았다.

개원 준비 중인 예비 원장님들과 개원 상권, 입지에 대해 상담해보면 상권 선택에 대한 고민은 많이 하지만, 어떤 입지를 선택할 것인지에 대해 고민하시는 분들은 적은 것 같다. 국내 상권 환경에서 개원할 만한 상권이 제한적이다 보니 상권이 선택된 후에는 자신의 능력만 믿고 주변 병의원의 경쟁력 검토나 상권 내에서 개원에 적합한 입지를 분석하는 작업은 소홀하기 때문이다.

이미 선점해서 개원한 경쟁 원장님은 본인 못지않게 뛰어난 능력자이고, 상권을 찾는 환자들에 대한 정보를 많이 가지고 있으며, 자본력 또한 자신보다 월등할 수 있는데 이런 경쟁력을 애써 무시한다. 아무리 뛰어난 의료실력과 장비들을 갖추었다 하더라도 경쟁점과 입지에 대한 검토는 반드시 필요하다.

개원을 위한 상권 선택은 타깃 환자의 규모와 질이 우수한 상권을 선택하는 작업이라면, 경쟁점과 선택 입지 조사는 상권 내에서 가장 뛰어난 위치에 개원을 위한 후보지를 찾는 작업이다.

경쟁 병의원과 선택 입지에 대한 경쟁력을 조사할 때는 동시에 함께 조사하는 것이 좋고, 이 작업에서 조사하고 판단해야 할 항목들을 정리해보면 다음과 같다.

용도 지역/ 건축물 용도

용도 지역

국토의 효율적인 이용 목적을 위해서 각 토지의 이용 목적에 맞게 정부에서 지정한 토지의 용도를 말한다.

같은 상권이라도 각각의 입지에 따라 다양한 용도 지역이 있는데, 이때 각각의 용도 지역에 따라 상권의 확장성에 차이가 나고 집객력이 달라진다.

일반적으로 배후 주거 지역을 기반으로 병의원이 진입한다면 일반 주거 지역, 준주거, 상업 지역에 개원하게 된다. 이 경우 각각의 용도에 따른 상권 범위는 일반 주거 지역 < 준주거 지역 < 상업 지역순으로 넓어지고, 집객력도 커지는 게 일반적이다.

다만, 상권이 완전히 정착된 지역이라면 순서대로 상권의 범위가 확장되는 것이 맞지만 안정화되기 전인 신도시나 택지지구의 경우, 아파트 인근의 근린 생활 시설(준주거)이 가장 빨리 안정화되고, 다음으로 일반 상업 지역과 중심 상업 지역 순으로 병의원 상권이 안정화된다. 따라서 신도시, 택지 지역의 경우 입지 선택에서 용도 지역 못지않게 아파트 입주와 개발의 진행 속도가 무엇보다 중요하다.

따라서 미성숙된 신도시의 경우, 초기 선점을 위해서 성숙되지 않은 상업 지역에 진입하게 되면 신규 타깃 환자 확보에 어려움을 겪게 되어 수년 동안 적자를 피할 수 없기 때문에 주의해야 한다.

건축물의 용도

병의원 개원을 위해서는 병원급의 '의료 시설' 개원 의원급의 경우, 2020년 1월 23일 이후에는 1종 근린 생활 시설(의원)로 용도가 정해져야만 개원할 수 있다.

의원 중에는 1종 근린 생활 시설(의원)이 아닌 용도로 개원한 의원들도 상당수여서 양도·양수 시 용도변경 절차를 따로 거쳐야 한다. 건축물 용도변경에서 부딪칠 수 있는 문제는 뒤의 '규제와 인허가'에서 다시 한번 다루려고 한다.

상권 동선 흐름과 입지 선택

병의원 입지 선택에서 타깃 환자들이 상권 내에 진입해 이동하는 흐름은 상권 구조 부분에서도 다루었지만, 개원 입지 선택에서도 중요하다.

상권 범위에 따라서 다르지만, 병의원 입지가 형성되는 곳은 다음과 같다.

1. 단일 주거지 상권이라면 배후 인구가 주거지에서 상권으로 유입된 뒤 이동 흐름에 따라 병의원 입지가 결정된다. 이 경우, 배후 인구가 상권 내에서 생활 서비스 업종을 소비하기 위한 소비 흐름과 외부로 이동하는 교통 흐름에 따라서 병의원 입지가 결정된다.

2. 몇 개 주거지가 합쳐지는 거점형 상권에서 병의원 입지는 대중교통 흐름과 일치하는 게 일반적이다.

3. 업무, 오피스 지역의 병의원 입지는 출퇴근 동선과 일치하거나 업무·오피스 지역의 근린 생활 시설 밀집 지역으로 집중되는 게 일반적이다.

건축물 현황에 대한 검토

경쟁 병의원뿐만 아니라 선택 입지 비교를 위해서 각각의 건축물 현황을 일목요연하게 정리해보면 어떤 건물이 우수한지 한눈에 확인할 수 있다.

건축물 층수

경쟁 병의원이나 선택 입지의 건축물 전체 층수와 개원했거나 후보 입지의 층수에 대한 정보다. 전체 층수는 상권 내 건축물의 고도를 비교하기 위한 목적이고, 경쟁 병의원 층수는 자신이 개원을 위해서 선택한 건물의 층수와 비교를 위해서 기재한다.

건축물 층이 높을수록 건축물 가시성이 좋고, 낮은 층에서 개원하거나, 경쟁 병의원의 층수가 낮다면 접근성이 좋다.

건축면적, 연면적

상권이 우수한 지역일수록 건축면적과 연면적이 넓을 경우 집객력이 커지고, 병의원 상가로서도 경쟁력이 향상된다. 다만, 불경기나 과도한 규모일 경우 공실 발생 시 상가 전체가 침체될 수 있어 상권 전체 상황 비교를 통해서 판단해야 한다.

3층 이상에서 1개 층 전체가 공실이 6개월 이상 지속된 상가는 피하는 게 좋은데, 특히 코로나 이후 상권마다 경쟁력이 크게 차이가 나고 한번 공실이 발생하면 장기 공실로 가는 사례가 많기 때문에 주의해야 한다.

해당 층수, 면적

선택 상권 및 인접 영향권의 상권에서 경쟁점과 진료 과목이 겹치는 병의원의 경우, 면적이 넓을수록 영향력이 커지고 경쟁이 치열해지면서 의원급에서도 대형 면적이 증가하는 추세다. 그러나 면적이 늘어나는 데 따른 임대료 상승, 인력 증가로 인한 인건비 부담으로 전체적인 고정비 상승을 불러오므로 상권 내 경쟁 병의원들과 비교해 적절한 면적을 선택해야 한다.

출입구 위치

건물 전체 출입구와 해당 층의 출입구의 위치에 대한 정보다. 건축물의 출입구는 도로 전면에 배치하는 것이 가장 접근성이 좋지만, 시행사는 분양가와 임대가가 가장 높은 1층 점포를 더 확보하기 위해 출입구를 도로 전면이 아닌 측면에 배치하는 경우, 건물 전면 출입구보다는 접근성이 떨어진다.

5층 이상 상업용 건물의 병의원 층은 3층 이상에 위치하는데, 해당 층 출입은 엘리베이터나 계단을 이용하게 된다. 이때 해당 층의 여러 구분 상가에서 선택한다면 내부 접근성이 좋은 엘리베이터나 계단 출입구 앞쪽을 우선 선택하지만, 최근에는 건축물 전체 규모가 커지면서 노출도가 좋은 측면을 병의원 후보지로 선호하는 것도 하나의 추세다.

내부 구조의 적합성

후보지로 선택한 건물이 지나치게 협소해 2개 층을 사용할 경우, 관리 비용와 인건비가 추가로 지출될 수 있다.

또한, 1개 층에서도 구획이 어려워 어쩔 수 없이 전 층을 사용하거나, 일부 구분상가만 사용하고 나머지 공간이 공실이 될 경우 개원한 상가 활성화가 어려울 수 있으므로 선택하는 상가의 건물 내 구조가 적합한지 검토해야 한다.

또한, 건물주가 여러 명인 집합건물이 많아지면서 상가들의 완전 분양을 위해서 너무 작은 규모로 구분해서 분양하다 보니 병의원 하나를 개원하기 위해서는 구분상가를 적게는 3~4개, 많게는 5개 이상의 각각 다른 건물주와 협상해야 하는 어려움이 있을 수 있다.

분양 상가의 경우, 분양 가격이 높아지면서 구분상가 건물주가 여러 사람인 것은 어쩔 수 없지만, 가급적 건물주 숫자가 적을수록 계약과 계약연장 협상에서 유리하다.

층고

건물 내부 층고가 높을 경우, 인테리어 개방감이 좋아서 같은 면적이라도 넓게 보여 내원 환자들에게 쾌적감을 줄 수 있지만, 지나치게 높을 경우 인테리어 비용과 냉·난방비가 높게 나온다. 일반적인 건물의 층고는 3.5m 전후라면 무난하다.

건물연수, 엘리베이터 유무

건물연수는 건물 현재 컨디션을 유추할 수 있는 자료이며, 엘리베이터는 2층에 개원한다고 하더라도 필요하다.

간판, 광고 홍보물

도시 조례에 의해서 간판과 외부 광고물에 대한 규제가 강화되고 있는 추세다. 또한, 간판과 광고 홍보물을 설치할 수 있는 공간이 제한되어 있기에 관리사무소와 간판 길이, 설치, 층수, 개수, 위치 등을 충분히 협의한 후, 간판, 광고 홍보물 설치 시 경쟁력에 대해 확인해야 한다.

특히 병의원의 경우, 병의원마다 경쟁력을 갖춘 진료 과목의 홍보가 필요하므로 창문 래핑 광고, LED 설치, 외부 홍보물의 설치 가능 여부는 무엇보다 중요하다.

기타

앞에서 언급했듯이 선택 상가의 전체 층별 MD 구성과 주변 상가의 업종과 환경이 병의원 개원 환경에 유리한지도 중요한 검토 대상이다.

가시성과 접근성, 인지 홍보성

가시성

개원 입지 선택에서 가시성은 무엇보다 중요하다. 가시성을 결정하는 요소는 다음과 같다.

① 차량에 의한 가시성

도심 도로에서 8차선(중소도시 6차선) 이상 도로일 경우, 차량 속도가 60km 이상으로 병의원 전면 길이가 12m 이상이 되지 않으면 가시성이 떨어진다(전면 12m 이상 유무로 따질 필요가 있음. 코너의 경우 코너의 합이 15m 이상일 경우 이상적이다).

차선 숫자가 많을수록 상권 전면 이동량이 증가하고, 상권에 집객 시설이 많을 경우 집객력 증가로 상권 확장성이 좋기 때문에 환자 유입 가능성이 크지만, 집객력이 약화된 지역의 경우 도로의 폭이 넓다면 단순히 흘러가는 경유 상권에 그칠 수 있다.

② 도보에 의한 가시성

건물의 병의원 층은 3층 이상 상층부에 위치하기 때문에 보행자도로가 넓을수록 가시성은 좋아지고, 좁을수록 떨어진다. 도심형 간선도로의 보행자 도로는 6m 이상을 확보해야 하고, 지역형 지선 보행자 도로는 3~4m, 상행위가 활발한 쇼핑몰 앞 보행자 도로는 10~20m다.

③ 건물에 의한 가시성

건물에 의한 가시성은 ⓐ 주변 건물이나 지형, 지물에 의해서 가시성을 가리는 장애 요소가 있는지, ⓑ 어떤 층을 선택하는지에 따라서 차이가 난다.

차량과 도보에 의한 가시성을 동시에 만족하는 것은 3층이고, 상층부로 갈수록 가시성은 10%씩 감소한다. 7층 이상일 경우 큰 차이가 없고, 2층은 가시성에서 3층과 크게 차이가 없지만 임대료가 3층에 비해서 높은 게 단점이다.

대형 면적이 필요하지 않거나, 소규모 특화 형태로 운영하는 과목의 경우 가시성이 떨어질 수밖에 없으므로 입지의 다른 보완적 장점을 확인할 필요가 있다.

④ 상권 내 랜드마크는 어디인가?

선택 상권 내에서 가장 유동 인구가 많고 집객력이 큰 환경의 건물이 있는 입지가 상권 랜드마크다. 병의원 입지뿐만 아니라 다른 업종에 대한 입지도 상권의 랜드마크를 중심으로 형성된다. 상권 흐름, 즉 집객 업종(주로 병의원을 이용하는 주간 업종 집중)이 집중된 건물을 중심으로 병의원도 입지하는 게 일반적이다. 일반적으로 랜드마크와 인접 건물에 개원 입지가 결정될 때 가시성뿐만 아니라 접근성이 뛰어나다.

아직 완성되지 않은 신도시나 택지 지역의 동일 상권에서 주상복합이나 업무용 상가가 아닌 전 층이 All 상가일 경우, 상

장기 지구 신한프라자

김포한강신도시 시범지구인 장기 지구 상업 지역 랜드마크 상가로 병의원 9개가 개원했다.

권 내 랜드마크나 상권집중력이 가장 큰 상가는 단일 필지 시행보다는 2개 필지를 합필해 시행하는 상가가 중심상가가 될 가능성이 크다(신도시, 택지지구에서 상가가 공급되는 상업용지, 준주거, 근린생활용지에 공급되는 토지 1개 필지는 동일 블록이라면 면적이 유사하거나 같은 경우가 대부분이란 점을 염두에 두자).

접근성

타깃 환자들이 선택입지로 접근할 때 어떤 편의성을 가지고 있는지를 따지는 것이 접근성이다.

① 도보 접근성

타깃 환자들이 선택입지 병의원을 방문할 때, 도보 접근 시 얼마나 편리한지를 따지는 것이다. 주로 핵심 상권인 주거지에서 접근할 때의 편리성을 따지는 것으로, 아파트 지역의 경우 아파트 단지에서 선택 입지까지 이동 거리와 보행자 도로 및 통로의 연결 원활성으로 판단한다.

② 차량 접근성

차량을 통해서 접근할 때의 편리성을 말하는데, 주차장까지의 접근 편의성과 주차장의 컨디션에 따라서 결정된다. 검토 항목은 다음과 같다.

ⓐ **주차장 진입 컨디션** : 주차장 앞 진입도로의 컨디션으로, 차량 혼잡도, 주차장 진입도로폭, 꺾어짐과 지하 주차장 진입 이후 내부 경사로, 꺾어지는 각도를 따진다. 실제로 체험한 후 진입로의 컨디션을 상·중·하 기준으로 평가하는 게 중요하다.

ⓑ **전체 주차 대수** : 상업용 건물은 법정 주차장 비율보다 높은 120%가 일반적이지만, 주차장 비율은 크게 의미 두지 말고 전체 주차 대수로 판단하는 게 좋다.

ⓒ **설치 주차장 종류** : 자주식 또는 기계식

③ 대중교통 접근성

병의원을 방문할 때 환자들이 이용하는 대중교통수단에 대한 검토다. 중심 상권의 병의원은 상업용 건물이 충분한 주차장 확보가 어렵기 때문에 대중교통을 이용해서 접근하는 비율이 높다.

지하철역이 인접한 개원 후보지의 경우, 지하철역 영향력은 승하차 숫자에 의해서 좌우된다. 시외·간선·지선·마을버스 각각의 노선 숫자에 의해서 상권 형성이 결정된다. 일반적으로 시외·간선버스 노선이 많을 경우, 상권 확장성이 우수하고, 지선 숫자가 많은 경우, 배후 인구의 조건이 좋고, 마을버스의 경우 노선 경유지의 교통이 불편해 지하철 역세권이나, 간선·지선버스 운행 상권으로 유입된다.

그러나 간선, 시외노선만 운행되는 정류장일 경우, 이동, 환승에 목적이 있는 정류장이므로 병의원 상권 형성이 어렵고, 여러 종류의 노선버스, 지하철역이 혼재한 지역의 경우, 병의원 상권이 활성화된다(ex : 간선, 시외노선 중심은 사당역 4번 출구 앞 상권, 노선버스와 지하철역이 혼재된 지역은 잠실역, 강남역을 들 수 있다).

지하철 역세권과 노선버스가 활성화된 상권의 경우, 병의원 입지는 버스정류장의 노선 숫자가 많은 정류장과 지하철 출입이 많은 출입구가 인접할수록 접근성이 좋은 입지다.

④ 병의원이 과목이 집중된 곳

충주 강서동 mk타워

12개 병의원이 개원한 건물로, 인접건물도 지역 주민 충성도가 높은 병의원이 집중되어 지역 주민 입지에 대한 인지도가 높다.

복수의 비교 상권이 있다면 그중 경쟁 과목뿐만 아니라 다양한 과목이 개원한 상권이 우수한 상권이다. 개원을 위한 상권을 선택했다면 다음 입지를 정할 때 병의원 분포가 많은 건물이나 인접 건물이 일차 후보지로 선택하는 곳이 좋다. 이것은 병의원뿐만 아니라 모든 업종의 타깃 고객(환자)들의 집객력이 큰 곳에 상권 형성이 크게 이루어지기 때문이다. 일반적인 상권에서도 병의원 과목이 집중되었거나 인접 건물에 개원할 경우, 지역 주민들의 핵심 상권 흐름과 겹치기 때문에 접근성에서 가장 뛰어나다. 문제는 가장 경쟁력이 뛰어난 건물(입지)에 직·간접 경쟁 과목이 이미 개원했다면 인접한 입지를 선택했을 때 충분한 경쟁할 만한 컨디션을 가졌느냐를 따지는 것이 무엇보다 중요하다.

인지 홍보성

타깃 환자들에게 선택 입지 위치를 알리고, 홍보하기 유리한 입지를 인지 홍보성이라 한다.

① 공공기관 및 시설물

구청, 주민센터, 치안센터, 공원, 도서관 등을 말하지만, 도시가 확장되어 상권 중심지에서 이전하면서 인지 홍보성은 기존 도심에 위치한 공공기관과 시설물에 제한적으로 작용한다.

② 지형지물 : 도로의 합류점(사거리)

병의원 입지에 가장 크게 영향을 미치는 지형지물은 도로가 합류되는 사거리로 지역 내에서 모두 인지하고 있어 홍보에 유리하다.

③ 대중성이 높은 집객 시설과의 인접성

백화점, 생활용품 할인점, SPA, 카페, 패스트푸드, 브랜드 프랜차이즈 및 대중성을 지닌 시설물과 인접성 거리다.

어떤 상가를 선택할까?

경쟁력 있는 병의원 입지의 공통적인 특징은 상권에서 선택할 수 있는 상가 건물의 규모라고 앞에서 언급했다.

기존 주거지나 신도시 모두의 공통적인 특징으로 주변에 상가들이 집중되어 있다면, 그중에서 규모에서 압도할 수 있는 건물이라면, 우선적으로 검토할 수 있다. 이것은 규모가 큰 상가일수록 다양한 업종이 진입해 지역 상권에서 주민들의 상가 집객력이 커서 다양한 과목의 병의원도 집중되기 때문이다.

신도시나 택지 지역의 상가 용지는 동일한 위치에서 필지를 나눌 때, 같은 용도 토지라면 면적 또한 같거나 유사한데, 이때 상권 내에서 경쟁력를 발휘하기 위해서는 1개 필지보다는 2개 필지를 합필해 시행한 상가가 절대적으로 유리하다.

합필하면 상가 규모가 2배가 되어 상권 내에서 중심상가가 되고, 다양한 업종 진입으로 집객력이 커지기 때문에 병의원 개원 시 다른 상가보다 경쟁력이 있다고 앞서 언급했다. 따라서 신도시나 택지 지역의 경우, 1개 필지에 지은 건물보다 2개 필지의 상가가 경쟁력이 있는 게 일반적이다.

그러나 2000년대 이후 도심과 신도시에 우후죽순처럼 들어선 대형 상업용 건물 상당수는 MD 구성에 실패해 공실이 쌓이고 있다. 이런 상가의 경우 일부 층에서 규모의 경쟁력이 있을지 모르지만, 장기적으로 상가를 채울 수 없다면 결국에는 슬럼화될 수 있으므로 주의해야 한다. 또한, 공실이 많을수록 상가 관리비는 입주자들이 나누어서 분담해야 하기 때문에 부담이 커질 수밖에 없다는 점도 주의해야 한다,

여기에서는 2000년대 이후 대표적인 상가의 형태인 주상복합상가와 상업 지역의 전체가 상가로 구성된 All 상가형이 있을 때 어느 것이 유리한지 알아보려고 한다.

주상복합상가

주상복합상가는 도심의 미개발 용지나 신도시 지역의 업무용지, 복합 용지에 주거용 아파트나 오피스텔(오피스)과 상업시설을 동시에 유치시키기 위해서 개발한다.

주상복합상가형 상가는 저층부 통상 지하 1~2층(최대 5층 전후)을 상가로 설계하고, 상층부는 오피스텔(오피스)이나 아

파트로 구성한다. 규모 면에서 주변 상권을 압도하고, 상층부에 아파트나 오피스텔 배후 인구가 입주해 상권에 흡수할 수 있다는 장점이 있다.

상가가 비록 3개 층 전후이긴 하지만, 10층 전후 All 상가형의 구분상가 숫자가 100여 개 이내인 데 비해서 주상복합상가의 경우 300개 이상도 쉽게 볼 수 있다. 이런 다양한 업종이 상가 내에 진입한다면 상가가 활성화되어 상권 전체의 랜드마크 역할을 할 가능성이 커서 병의원이 진입할 경우, 지역 내 신규 환자 유치에 유리하다.

주상복합상가는 경쟁력이 높다고 판단되지만, 장점 못지않게 단점 또한 예상보다 많다. 몇 가지를 살펴보면 다음과 같다.

① 임대가 아니라 분양으로 진행된 주상복합상가의 경우, 분양상가의 단점인 MD 구성이 시행분양사나 상가관리단에 의해서 적절히 관리되지 않으면 경쟁력을 발휘하기 어렵다.

이 경우, 중복 업종 진입과 상가 투자자들의 높은 임대료 희망으로 꼭 필요한 업종의 진입이 이루어지지 않을 경우, 상가 전체에 공실이 쌓이는 원인이 된다. 입주한 지 1년 이상 된 상가에 지나치게 공실이 많은 경우, 대부분 이런 관리문제 때문인 경우가 많다.

② 주상복합 상가는 All 상가형에 비해서 높은 토지대금과

건축비로 인해서 분양을 손쉽게 하기 위해서 구분상가 1개의 호수를 너무 작게 분할했기 때문에 분양주가 여러 명이다 보니 희망 면적 확보가 어려워서 계약을 어렵게 한다.

③ 공유 면적 증가로 All 상가형에 비해 전용률에서 평균적으로 약 5% 정도 차이가 나기 때문에 같은 공급 면적이라도 실제 사용 면적에서 손해를 보는 게 일반적이다.

④ 주상복합상가의 경우, 건물의 규모로 인한 무게 때문에 내부 기둥이 많아진다. 건물 내부 기둥이 많아지면 기둥 주변은 인테리어에 제약조건으로 작용하고 원활한 병의원 내부 동선을 만들기 어렵다. 따라서 사용 면적을 100% 활용하지 못하기 때문에 효율적으로 내부 구성을 어렵게 한다.

All 상가형

All 상가형은 도심의 중심, 거점 상권의 상업 용지나 신도시 지역의 중심 상업 용지, 일반 상업 용지에 시행되는 10층 전후의 상가가 해당된다. 주거지 인근은 일반 주거 지역, 준주거 용지, 일반 상업 용지에서 전체 층이 All 상가형으로 구성되지만, 중심 상업 용지는 앞서 언급한 주상복합상가, 업무용 빌딩이 혼재한다.

도시 지역 All 상가형에서 병의원을 개원할 경우, 입지 장점을 보면 다음과 같다.

① 입점이 완료된 상가의 경우 주민들의 이동 동선과 상가 내 입점 업종, 건물 컨디션을 살펴보면 상가의 경쟁력을 쉽게 판단할 수 있다.

② 주상복합상가의 상가 층은 3개 층 전후이지만, 1개 층 평면 면적이 All 상가형에 비해서 작게는 200~300%, 넓게는 500% 이상이다. 따라서 주상복합상가의 경우, 넓이만큼 1개 층 구분상가의 숫자가 많기 때문에 All 상가형에 비해서 MD 구성이 어렵다.

③ 선택한 상가 내부에 기둥이 최소화되어 공간 구성이 주상복합상가보다 용이하다.

이에 비해서 All 상가형의 단점 및 문제점은 도심 지역이나 신도시, 택지 지역을 막론하고 상가 공급이 과도해지면서 공실이 늘어나고 있다는 것이다.

문제는 도시계획을 하면서 과도하게 상가 용지를 공급해 공급과잉을 불러와서 병의원 층뿐만 아니라 다른 층도 채우기 어려운 유령 상가가 발생할 수 있다. 또한, 높은 가격으로 분양된 토지와 높아지는 건축비로 인한 고분양가에 이은 고임대료도 공실을 부추기는 요소다.

상권 전체 공실률이 높은 지역일수록 All 상가형은 층별 업종을 채우는 데 실패하면 전체 상가가 장기 공실로 이어질 가능성이 크기 때문에 신도시나 택지 지구에 개원을 준비한다면, 특히 주의해야 한다.

권리관계 검토

병의원 임대를 위한 임대료와 관리비, 권리금의 지불 방식에 대한 관계다.

임대료

보증금, 월세로 나누고 보증금은 통상 1년 치 월세의 합계로 결정되지만 정해진 것은 없다. 선택한 입지를 상호 비교하기 위해서 월세를 환산보증금으로 계산하면 비교하기가 쉬워진다.

환산보증금 계산금 :

보증금 2억 원/월세 1,000만 원 = 2억 원+(1,000만 원×100=12억 원)

권리금

기존 병의원을 양도·양수할 때 발생하는 금액으로 양도의 목적이 무엇인지 정확한 확인이 필요하다. 병의원 양도·양수 정보 노출이 많지 않기 때문에 이해관계인들에게 충분한 정보를 확인한 뒤 진행하는 것이 좋다.

관리비

상업용 건물마다 관리비 계산방법이 다르고 비용에 큰 차이가 있기 때문에 관리비 해당 항목에 대해서 정확한 확인이 필요하다.

| 주 |

다수의 선택 입지에 대해서 임대가 또는 매입가(분양가)및 관리비를 비교할 때 각각 선택 입지의 전용률이 상이하고, 실제로 사용하는 전용 면적이 다르므로 전체 금액과 함께 단위 면적(평당 또는 ㎡당)을 기준으로 비교해야 명확해진다.

과목별 병의원 분포 조사

병의원 상권 선택에서 직접적이거나 간접적 경쟁 병의원의 분포뿐만 아니라 과목별 병의원의 분포를 확인한다면 상권 선택에 도움이 된다.

그렇다면 분포 현황 조사는 어떤 점을 살펴봐야 할까?

직·간접 경쟁 과목 분포 현황 조사

입지 우열을 확인하기 위해서 직접적인 경쟁 병의원 과목과 간접적인 경쟁 병의원이 얼마나 많은지를 선택 상권 지도상에 표기하는 작업이다.

병의원 과목 특성상 경쟁 과목이 없는 선택 상권에 진입할 경우 독점적인 경쟁력을 발휘할 수도 있지만, 경쟁력이 없는 상권일 수 있기 때문에 해당 과목이 없을 수도 있다는 점을 염두에 둘 필요가 있다.

또한, 선택 상권 내에 선택 과목이 집중되었다면 경쟁 과열일 수도 있지만, 상권의 경쟁력이 충분하기 때문에 진입 과열이 발생할 수 있다는 점을 염두에 두고 경쟁 분포를 평가할 필요가 있다.

| 주 |
직접 경쟁은 같은 전문의 자격을 가지고 과목 표시를 동일하게 한 병의원을 말한다. 간접 경쟁은 다른 과목 전문의나 일반의로 같은 진료나 유사 진료 과목을 다루는 병의원을 말한다.
(ex : 개인 병의원에서 정형외과, 마취통증의학과 재활의학과들은 서로 다른 전문의 자격을 가지지만 구분 없이 진료하는 경우가 많다. 이외에도 비인기 과목 전문의들도 병의원의 운영 차원에서 인기 과목을 진료 과목으로 추가하는 경우도 있다)

선택 상권에 한의원은 10개인데 치과는 5개라면?

전국에 치과는 약 1만 8,000여 개를 상회하는 숫자가 분포되어 있는데, 한의원은 약 1만 5,000여 개가 분포되어 있다. 앞에서 우리나라 말단 행정체계인 행정동, 읍, 면은 3,491개라고 언급했는데 도시 지역에 하나의 행정동에 몇 개의 상권이 형성되기도 하지만, 지방 소도시의 면 단위는 병의원 상권 자체가 형성되지 않는 곳이 대부분이다.

이런 점을 고려하면 실질적으로 진입할 수 있는 상권은

3,000개 전후로 추정되는데, 이런 점을 고려하면 치과나 한의원 모두 상권마다 치열한 경쟁을 피할 수 없다.

여기서 만약 선택 상권에서 한의원이 10개인데, 치과는 5개밖에 없다면 상권 진입 결정을 어떻게 하는 게 좋을까?

비록 진료 영역이 전혀 다르지만, 유사한 경쟁 관계를 가진 과목의 진입이 50%만 이루어졌다면 상권을 선택했을 때 평타는 칠 수 있다. 치과와 한의원 상권, 입지 컨설팅을 하면서 한의원은 많은데, 치과 숫자가 적은 곳에 개원하거나, 그 반대의 경우 한의원이 진입해 성공했던 경우를 여러 번 봐왔다.

| 사례 |

인천의 외부 유입이 불가능한, 인구 3만 3,000여 명의 항아리 상권에서 한의원 개설을 위한 상권 조사를 했더니, 치과는 12개가 있는 반면 한의원은 6개밖에 없었다. 물론 상위 5개 치과는 환자들이 충분했고 한의원 역시 환자 숫자가 충분함을 발견하고, 현재 입지와 비교우위에 있는 입지만 선택한다면, 경쟁력이 충분하다고 판단했다. 이 상권에 적극적으로 추천해 진입했고, 현재도 경쟁력을 가지고 운영 중이다.

다만, 1~2개의 행정동에 상권이 밀집되어 있어 유효 상권 범위를 설정할 때 선택 범위를 유효하게 적시해 각각의 과목 분포도를 조사할 필요가 있다.

상권 범위가 넓은 과목이 성공했다면?

로컬 상권이나 지역 거점 상권에서 상권 범위와 배후 세대 규모가 가장 큰 병의원 과목을 이야기하라고 한다면 안과다. 만약 지역이나 도시를 대표하는 안과의 분원이 아닌, 지역의 개인 의원급 안과일 경우, 상권 내 다른 특정 과목이 없거나 분포율이 낮다면 적극적으로 개원 검토를 할 수 있다.

안과의 성공은 상권 범위가 넓고 배후 세대 규모가 안정적이라는 이야기로, 다른 과목의 성공 가능성도 높다는 의미로 받아들일 수 있다.

안과의 경우 소아·청소년의 안경 맞춤부터 성인 안과질환의 정기 검진이 빈번해지고 있어 도시 지역의 경우, 지역 거점 상권의 배후 세대 규모는 1만 5,000세대 이상의 상권 확장성이 좋은 지역을 선택해야 한다.

경쟁 병의원 운영 현황

운영 현황 조사

경쟁 병의원 조사에서 빠질 수 없는 것이 현재 어떻게 운영되고 있는지에 대한 현황 조사다.

운영 현황은 곧 경쟁 병의원의 경쟁력에 대한 조사로, 여기서는 카카오 지도를 통한 현황과 건강보험심사평가원에 등록된 자료, 구글의 SNS 평가 내용으로 설명하겠다.

카카오 지도의 '주변 현황 > 병원, 약국 현황 > 전체 과목별 현황 > 특정 병의원 선택'을 하면 다음과 같이 한 지역의 상세 현황을 접할 수 있다.

카카오 지도

병원정보

건강보험심사평가원 e-gen

진료시간 월 09:00~20:00
화 09:00~19:00
수 09:00~20:00
목 09:00~19:00
금 09:00~20:00
토 09:00~14:00

휴무일 일요일/공휴일

구분 의원

의사 수 총 2명 전문의 2명

개업일 2020.01.13.

진료과목 및 전문의수 (선택진료의사수)

종류	인원
정형외과	1 (0)
신경외과	0 (0)
마취통증의학과	1 (0)

의료 장치

종류	개수
초음파영상진단기	1

카카오 지도 〉 병원, 약국 현황 참조

① 진료시간

요일별 진료시간과 휴일이 표시되어 개원 시 진료시간과 휴일시간을 어떻게 조정할 것인지 결정하는 데 도움을 준다.

② 의사수

근무하는 전문의, 일반의를 구분하고, 해당 전문의의 과목도 표기해 인적 경쟁력을 나타낸다.

③ 개업일

해당 병의원의 업력으로, 일반적으로 개원 후 10년까지는 공격적이고, 적극적으로 환자를 확대하는 시기이며 20년까지는 원숙기, 20년이 넘어서면 경쟁보다 안정과 이후 은퇴를 고민하게 된다.

따라서 개원 시기가 짧은 경쟁 병의원이 집중될 경우, 비슷한 연령대, 의사로서의 경력, 내부 시설 경쟁력도 비슷해 무한 경쟁을 할 수밖에 없는데, 대표적인 지역이 세종시다. 다만, 업력에 나타난 개업일은 양도·양수 시의 최초 개업일이기 때문에 현재 원장님의 업력을 보여주진 않는다.

④ 의료장치

설치된 주요 의료기기 현황을 보여준다. 카카오 지도에서 선택한 상권의 경쟁 병의원 현황을 볼 수 있는데, 건강보험심사평가원의 '병원, 약국 찾기'를 통해서도 확인할 수 있다.

⑤ 건강보험심사평가원 자료

다음은 건강보험심사평가원의 자료를 캡처한 것이다.

카카오 지도 현황 자료에 없는 병의원 부대 시설과 필수 인력에 대한 정보를 함께 보여주기 때문에 경쟁 병의원의 운영 현황을 추정해볼 수 있다. 또한, 앞의 카카오 지도의 정형외과 검색 페이지에서 노출되지 않았던 물리치료실 숫자와 물리치료사 숫자도 볼 수 있다.

건강보험심사평가원 1

❯시설 및 운영정보

병상수	일반입원실		중환자실			정신과개방		정신과폐쇄	
	상급	일반	성인	소아	신생아	상급	일반	상급	일반
	0	0	0	0	0	0	0	0	0

병상수	격리병실	무균치료실	분만실	수술실	응급실	물리치료실
	0	0	0	0	0	11

❯진료과목 및 의사 현황

의사 수	총 인원: 2명 (의사: 2, 치과의사: 0, 한의사: 0) 전문의상세보기		
진료과목별 (전문의수)	▪ 정형외과 (1	▪ 신경외과 (0)	▪ 마취통증의학과 (1)

❯기타인력

약사	한약사	사회복지사	물리치료사	작업치료사
0	0	0	7	0

한편 특수, 고가 검사장비 종류 중에서 어떤 장비를 갖추고 있는지를 직접적으로 보여준다.

건강보험심사평가원 2

❯특수·고가장비 및 진단용 방사선 발생장치

CT ⑦	-	MRI ⑦	-
유방촬영장치 ⑦	-	양전자 촬영장치 (PET) ⑦	-
Gamma Knife (종양치료기) ⑦	-	Cyber Knife (종양치료기) ⑦	-
양성자 치료기 (종양치료기) ⑦	-	체외충격 파쇄석기 ⑦	-
혈액투석을 위한 인공신장기 ⑦	-	초음파영상 진단기 ⑦	1대
골밀도 검사기 ⑦	-	콘빔 CT ⑦	-

* 해당 병원이 건강보험심사평가원에 신고한 내용을 기준으로 작성하였습니다.

경쟁 병의원 평판 조사

경쟁 병의원 조사에서 빼놓을 수 없는 것이 경쟁자의 평판 수집으로, 블로그 인스타그램 등 소셜 네트워크상에서 다양하게 수집할 수 있다. 물론 SNS상의 평판에 대한 글 중에는 조직적으로 작업하는 홍보용 글이 섞여 있기에 평가에 신중할 필요가 있다. 실제로 이용 환자가 올린 글을 보면 구체적이고 일관성과 논리성을 갖추고 있으니 잘 판단해서 구별하자.

구글 병의원 SNS 평가 자료

리뷰 68개

★★★★★ 2년 전

추천으로 방문한 곳입니다. 좋은 인테리어에 비하여 근무자들의 태도가 많이 개선되어야 하는 병원입니다. 소탐대실하게 되는 직원들의 태도는 확실한 개선이 필요합니다. 추천으로 방문했지만 적극적이지 않고 타 의사를 비방하는 태도는 개선이 되어야 합니다. 추천에 비하여 선뜻 내키지 않는 경험이었네요. 철저한 서비스정신이 필요한 병원입니다.

SNS상의 긍정과 부정의 포스팅 글의 숫자나 평점을 기준으로 평가 방법을 점수화해 정량적으로 평가하기도 하지만, 이런 조직적 홍보 활동을 장시간 한 병의원이라면 실제 평판을 제대로 반영하기 어렵다.

따라서 정상적인 댓글에서 가장 많이 다루어지는 다음의 3가지로 경쟁력을 평가하는 것이 좋다.

① 의사, 간호사의 친절도

실제로 병원을 방문했을 때 처음 창구에서 맞이하는 간호사나 진료 중 의사들이 환자와 상담할 때 불친절함이 느껴질 경우, 병의원 전체 의료 서비스가 아무리 좋아도 좋은 평가를 받기 어렵다.

② 과잉 진료

비보험 진료의 권유 등으로 과도한 의료비가 청구될 경우 불만의 원인이 되므로, 선택 상권 내에서 이런 평가 글이 많다면 개원 이전에 충분한 대응을 준비해야 한다.

③ 진료 효과

병의원이라면 당연히 진료와 치료 효과에 대한 글이 가장 많을 것 같지만, 평가 글을 쓰는 사람들은 긍정적인 평가보다 부정적인 평가를 많이 하기 때문에 진료 효과에 대한 글은 예상보다 적다. 그런 구체적 평가 글은 해당 병의원을 평가하는 직접적인 요소가 되므로 주의해야 한다.

6장

병의원 상권의 업종과 MD 구성

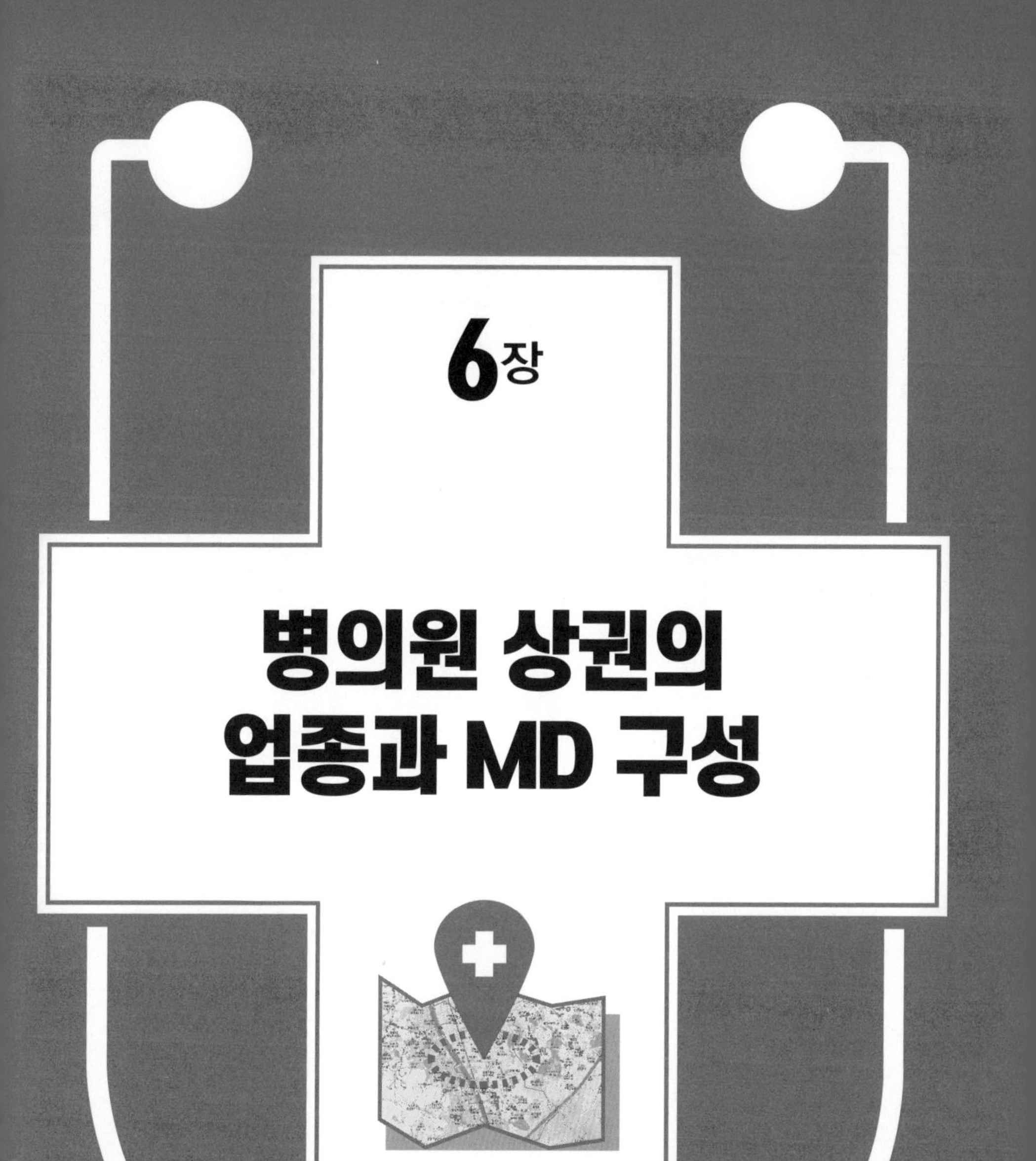

병의원 상권에 궁합이 맞는 업종은?

병의원뿐만 아니라 상권에 진입한 업종에 따라서 각각의 업종이 조화를 이루어 서로 시너지를 일으키는 경우는 의외로 많다. 따라서 상권에 어떤 업종이, 어느 입지에 위치해 있는지 비교해볼 필요가 있다.

선택 상권에 병의원 업종과 적합한 업종에는 어떤 것이 있고, 그 영향력은 어떻게 미치는지 살펴보자.

시중은행과 지역은행 병의원 상권 영향력

① 시중은행과 병의원 상권 입지

전국에 본·지점을 두고 있는 은행으로, 2015년 이후 경영 효율화를 위해 비대면 영업을 강화하면서 지점의 통합과 폐점을 진행하고 있다.

시중은행이 점포를 두고 있는 상권은 우선적으로 금융소비자를 직접 대상으로 하는 소매 금융과 기업을 대상으로 하는 기업 금융으로 나뉘는데, 점포의 통폐합이 이루어지는 점포는 소매 금융 점포의 비율이 높다.

여기서 병의원 상권과 겹치는, 시중은행이 점포를 두고 있는 상권은 소매 금융 상권으로 다음과 같이 구분할 수 있다.

- **지역 상권** : 단순히 지역 내 배후 세대, 인구만 대상으로 하는 상권으로, 주로 행정동 단위나 항아리형 상권에서 배후 세대가 집중되면서 소득 수준이 안정된 상권
- **지역 거점 상권** : 일반적으로 구 단위나 몇 개 행정동이 거점으로 이용하는 상권
- **도시 상권** : 도시 전체 주민들이 이용하는 상권으로, 중심 상권에 위치한 상권

최근에 통폐합하는 점포들을 보면 지역 거점이나 도시 상권급에서 중복 점포의 폐점률도 높지만, 불필요한 지역 상권에 위치한 점포를 통합하는 비율이 높다.

시중은행 자리에 공실이 발생했다면, 상권은 과거보다 위축되긴 했지만, 도시 전체적으로 봐서는 여전히 개인 병의원이 충분히 진입 가능한 상권인 경우가 많다. 특히 수익성이 떨어

져 점포를 정리하는 것이 아니라 인접 점포와 통합을 위한 폐점일 경우, 여전히 병의원 상권으로 경쟁력이 있는 곳이 많다.

시중은행의 점포 형태를 보면 과거에는 1층 점포가 대세였지만, 2000년대 이후 출점 점포의 경우, 분양가와 임대료의 상승으로 1층에 ATM기를 두고, 2층에 객장을 사용하는 경우가 많아졌다. 여기서 시중은행이 빠져나간 자리에 개인 병의원을 개원한다면 1층 점포가 아닌 2층이 대상이다.

1, 2층 은행 지점의 점포 조건은 1층 10~15평 내외, 2층은 80~100평 정도의 조건을 갖춘 곳이 대부분이다. 이는 규모는 작지만, 병의원 모든 과목이 개원 가능한 규모다.

이런 시중은행이 철수한 위치에 개원을 노린다면, 다음의 몇 가지 사항을 염두에 둘 필요가 있다.

- 점포 통폐합은 해당 은행 지점을 통해서 3개월 전쯤에 공지되고, 보안상의 이유로 홈페이지 등을 통해 공지되지 않기 때문에 평소 관심 가는 상권이 있다면 답사를 꾸준히 할 필요가 있다.
- 점포 공실 이후 은행 소유 건물일 경우 공매 절차를 통해서 공개 매각하고, 임차 점포일 경우 건물주와 계약관계 해소를 통해 임대차를 종결한다.
- 일반적으로 은행이 임차한 건물의 경우 보증금이 높고, 월세 또한 주변 시세보다 높은 경우가 많으므로 충분히 정보

를 수집하고, 부동산 중개업소를 통해 건물주와 합당한 임대료가 될 수 있도록 협상에 임해야 한다.

- 시중은행의 건물 용도는 2종 근린 생활 시설, 금융업소로 되어 있는 경우가 대부분으로 병의원 진입 시 용도변경의 부담은 누가 할 것인지 명확히 해야 한다.

지역 상권이나 지역 거점 상권의 통폐합에서 살아남은 은행 건물 자리는 그만큼 지역에서 경쟁력이 높은 입지라는 이야기이므로, 병의원 입지로도 경쟁력이 높다고 봐도 무방하다.

대구시 달서구 상인동 우리은행 상인동 지점

증권회사와 안과, 이비인후과, 신경과, 한의원, 치과가 입점한 거점형 상권 건물

② 지역은행과 병의원 상권 입지

시중은행은 비대면 영업이 증가하고 있지만, 시대가 바뀌어도 지역은행은 대면 영업이 중심이 될 수밖에 없다. 이것은 전국단위 영업을 하고 있는 시중은행에 비해 지역은행의 영업구역(공동유대)은 정관에 적시된 지역을 넘지 않기 때문이다.

또한, 지역은행들은 지역별로 개별 법인으로 운영되기 때문에 영업할 수 있는 범위적 한계로 인해 한번 점포를 출점하면 감독기관에서 연속해서 3년 이상 적자를 내 급속히 상권이 위축되는 경우를 제외하고는 이전하는 사례가 거의 없다.

또한, 지역은행은 시중은행과 달리 2층에 지점이 있는 경우는 신도시나 택지 지역을 제외하고는 찾기 어렵다. 점포 간 이동이나 폐점도 흔치 않고, 2층 점포에 출점하는 예도 찾기 어려운 이러한 지역은행 상권에서 병의원 입지를 선택할 때 우리가 참고할 수 있는 것은 무엇일까?

· 지역은행의 상권 범위다

많은 점포가 지역형 상권으로 일정한 상권 범위만 영업 구역으로 정하고 출점하는 사례가 많다. 상권의 확장성보다는 지역만 대상으로 진료하는 과목으로 개원할 때, 지역형 상권에 적합하다. 제한된 상권 영역일 때 병의원 과목 중 경쟁이 치열한 치과와 한의원의 분포가 많은 것도 이와 같은 이유다.

성남주민신협

5개 병의원이 개원하고 있고, 2층의 정형외과는 전 층으로, 이전 나이트클럽을 용도변경 후 개원

· 지역은행의 고객(조합원)은?

지역은행은 조합원 상호 간의 출자를 통해서 자본을 조달해 금융 활동을 하는 상호금융업으로 구분된다. 즉, 지역 내에서 조합원을 모집해 금융 활동을 하게 되는데, 이것은 조합원 간의 유대와 직결된다.

만약 새마을금고나 신협의 본점 건물 내 비업무용 공간이 있다면 이 공간을 임차하거나, 인접 건물에 개원하면 조합원의 내원을 유도할 수 있는 장점이 있다.

일반적으로 지역은행 조합원의 구성은 50대 이상 장년층의 비율이 높다. 이런 조합원 구성으로 인해 상권 범위가 넓을 경우 중·장년 환자가 많은 정형외과, 마취통증과가 입점하고, 상권 규모가 좁을 경우 한의원 비율이 높다.

| 주 |
지역은행 중 새마을금고와 신협은 지역 거주자이면 누구나 조합원 가입 자격이 주어지지만, 지역농협은 해당 지역에 거소를 두고 농사를 짓거나 농업법인에게만 조합원 자격이 주어진다(지역에 거소를 두면서 조합원 이외 거래자는 비조합원으로 분류된다). 따라서 도시 지역의 경우, 지역농협 조합원이 수천 명이라면 새마을금고와 신협의 조합원 숫자는 수만 명에 이른다. 이런 상황이기 때문에 가시성과 접근성이 지역농협 건물과 비슷한 신협, 새마을금고 건물에 여유 공간이 있다면 진입을 검토해볼 만하다.

업종에 따른 병의원 상권, 입지와 궁합

병의원에 적합한 상권의 공통적인 특징은 진료시간인 주중, 주간에 사람이 집객되는 상권이다. 주간에 사람이 집객되는 상권을 선택할 때 주거 인구, 직장 인구, 유동 인구 등의 인구적인 요소도 있지만, 상권에 영향을 미치는 업종들이 분포된 상권을 선택하는 것도 효과적인 방법이다.

이때 브랜드 인지도가 높아 주간 집객력이 높은 프랜차이즈 업종이 많이 분포된 지역이라면 병의원 상권에 적합다. 2021년 12월 3일 기준, 국내 프랜차이즈 브랜드는 12,119개인데 이 중에는 브랜드 이름만으로 상권에 절대적인 영향을 미치는 곳도 있지만, 간신히 브랜드 이름만 유지하는 곳도 많다.

상권에 영향을 미치는 프랜차이즈 브랜드들은 직접적으로 소비자를 대상으로 하는 중견기업 이상에서 운영하는 브랜드로, 다양한 상권에서 점포 출점 경험이 많아 소비자가 집객되는 상권을 잘 알고 있다.

따라서 주간에 집객되는 업종이 많이 분포된 프랜차이즈 브랜드에 어떤 것이 있는지 알아볼 필요가 있다. 또한, 이들 브랜드에 집객되는 사람들의 특징을 알아두는 것도 병의원 상권, 입지 선택에 중요한 정보가 된다.

① 생활용품 할인점, 헬스&뷰티 스토어

생활용품 할인점의 대표 브랜드는 다이소인데 2020년 말 전국 점포 숫자는 1,340개에 이르고, 헬스&뷰티 스토어의 대표 브랜드는 올리브영으로 1,259개 점포가 영업 중이다.

다이소의 주력 상품에는 생활에 필요한 저렴한 소비재가 많아 남녀노소를 막론하고 고객 폭이 넓다. 특히, 가정에서 경제활동을 주도하는 주부층의 이용률이 높다.

전국 동네 단위 및 역세권, 전통시장을 막론하고 집객력이 큰 상권에 진출해 영업 중인데, 지방 도시 지역은 주차장까지 갖춘 연 면적 300평 이상의 단독 중대형 점포로 위치해 도시 전체 주민들을 집객시키는 역할을 하고 있다. 광역시급 이상 대도시 지역은 1층뿐만 아니라 지하층, 2층에 입점하는 경우도 있지만, 최저 평수가 100평 이상이다.

역세권이나 중심 상권에 출점한 상권은 누가 봐도 병의원으로 적합 상권인지, 아닌지 판단할 수 있으므로 다이소의 진출 여부는 크게 의미가 없다. 하지만 지역 상권(동네 단위 상권)이나 전통시장을 개원 입지로 선택할 때, 해당 상권에 다이소가 입점한 곳이라면 기본적인 집객력은 갖춘 상권이기 때문에 개원 후보 상권으로 검토가 가능하다.

올리브영은 헬스와 뷰티 관련 상품에 특화되어 10대 후반부터 30대까지의 젊은층 이용객이 많은 브랜드다. 소비력이 크거나 배후 세대가 충분한 동네(지역) 상권에 출점하고 있고, 지역의 이름난 거점 상권이라면 대부분 출점해 있다. 다이소와 함께 높은 브랜드 인지도로 출점한 거점 상권이라면 병의원 대부분 과목의 출점이 가능하다고 판단된다.

올리브영의 경우 최저 기준 점포 규모는 공식적으로 33평이지만, 운영체계가 직영을 중심으로 운영되기 때문에 도심의 임대료가 높은 중심 상업 지역이나, 업무 지역이 아니라면 70평 이상의 점포가 대부분이다.

다이소와 올리브영의 출점에서 공통적인 것이 점포가 지하나, 2층을 막론하고 충분한 바닥면적이 필요하므로 상권 내에서 가장 집객력이 있고, 규모가 큰 건물에 점포가 위치한 경우가 많다.

이것은 2개 브랜드가 진입한 상권이라면 충분한 잠재 배후세대를 갖추고 있다는 의미이며, 입점한 상가는 상권 내에서도 다양한 병의원 과목이 개원할 정도로 충분한 건물 컨디션을 갖추고 있는 경우가 많아 진입하지 않은 과목이라면 개원을 충분히 검토할 수 있다는 의미다.

② 대기업 카페(커피), 패스트푸드 점포가 있는 곳은?

국내에서 영업 중인 카페(커피)와 패스트푸드 브랜드는 헤아릴 수 없이 많다. 이 중 카페 브랜드의 대표주자인 스타벅스는 국내 메이저 커피 브랜드들과 비교했을 때 평균적으로 1.5배 이상은 매출이 나온다고 말할 정도로 집객력이 좋다. 그만큼 스타벅스의 유치만으로 건물 가치가 상승해 한때는 스타벅스를 유치해 스타벅스 빌딩이라고 이름 붙이는 사례도 있었다.

카페와 패스트푸드 브랜드의 상권, 입지, 그리고 병의원 상권, 입지와 밀접한 관련이 있는 상권 내 브랜드들은 드라이브스루나 배달형이 아닌 점포형으로 출점된 대기업 메이저 브랜드들을 말한다. 점포 조건은 브랜드에 따라서 차이가 있지만, 브랜드의 권장 최저 면적은 50평 전후에서 70평까지고, 점포형의 경우, 이보다 큰 100평 이상 면적도 어렵지 않게 찾을 수 있다.

구로동 디지털단지입구 교차로 : 버거킹구로점

5만 명이 근무하는 구로디지털단지 초입에 위치해 5개 과목이 개원하고 있고, 집객력이 높은 은행, 피트니스클럽이 입점하고 있다.

앞서 생활용품 할인점과 헬스&뷰티 스토어와 같이 기본적인 면적이 충족된 상가의 경우, 상권 내 경쟁력 있는 면적을 갖춘 상가의 희소성에서 경쟁력을 찾을 수 있다.

일반적으로 카페는 고정 배후 세대 인구보다 유동 인구에 의한 집객을 좀 더 경쟁력 있는 상권으로 보고 있고, 배달과 드라이브스루 점포가 확대되고 있지만, 패스트푸드는 기존의 점포형의 경우 배후 세대의 규모를 중요하게 따진다.

패스트푸드 점포형 매장의 배후 세대 규모는 최저 1만 세대, 1만 5,000세대 전후를 권장하기 때문에 지방 중소도시에는 브랜드가 아예 진출하지 못하기도 한다. 이에 점포형 매장에서 충분한 경쟁력을 갖춘 카페, 패스트푸드 점포가 있다면 역시 병의원 입지로서도 경쟁력이 있다고 볼 수 있다. 어쩌면 상권 내 카페, 패스트푸드의 출점 성격만 알아도 병의원 상권, 입지를 선택하는 데 도움을 받을 수 있다.

③ 병의원 개원을 위한 대형약국 전략적 유치

의약분업이 시작된 뒤 신도시, 택지 지구나 도심 임대 상가의 경우, 1층 약국 유치는 기존 건물은 건물주의 계획에 의해서 상층부 병의원의 유치를 통해 안정적인 임대료를 유지하기 위한 목적으로 진행되었다.

도심의 전통시장이나 주거 지역 임대상가의 경우 대형 약국을 유치함으로써 상층부에 대형 병의원이나 여러 과목을 유치해 높은 임대료를 유지하는 전략을 사용하기도 한다.

구분상가로 된 신축의 경우 시행사 MD 계획에 따라서 높은 분양가의 약국을 유치하기 위해 상층부에 병의원을 입점시키거나, 약국장이 전략적으로 병의원을 유치하는 경우도 있다. 이런 점을 노려서 전략적으로 사기성에 가까운 부실상가를 처분하려는 시도를 하기도 하므로 주의해야 한다.

약국과 병의원의 관계에서는 처방전이 필요한 전문의약품 비중이 높기 때문에 처방전 발행이 많은 과목의 유치가 상가의 효율적인 분양과 임대에 유리하다.

도심이나 전통시장 인근 약국은 상권이 오래되어 의약분업 이후 약국이 입점한 경우도 있지만, 그 이전부터 이미 그 자리에 약국이 있었던 곳이 많다. 특히 이런 위치의 약국은 전문의약품 못지않게 일반의약품 비중이 높아 시장의 주 출입구 인근에 대형 약국이나 고객이 많은 약국이 위치하는 경우가 많다.

즉, 약국이 있는 건물이나 전통시장 상권이 가까운 건물에 병의원이 집중되는 경우가 많다. 약국과 병의원들은 떼려야 뗄 수 없는 구조를 가지고 있다.

④ 대형 유통몰과 병의원 상권

고객 집객에 의한 대면 매출 중심의 도심 백화점과 할인점과 같은 유통몰은 다양한 유통 채널 등장으로 매출이 크게 감소했다(반면 유통몰의 비대면 매출은 증가함). 이런 영향으로 백화점과 할인점들의 방문 고객 소비형에서 한번 방문하면 연관 구매나, 충동구매로 연결되는 구매도 크게 감소했다. 대신에 필요한 상품만 구매하는 목적형 구매로 체류 시간이 줄어들면서 내부에 개원한 병의원 역시 환자수가 감소했다.

유통몰의 목적형 구매 증가는 유통몰 내부에서 집객 고객들이 각각의 테넌트로 분산해 매출의 분수 효과나 샤워 효과 역시 눈에 띄게 감소했다(분수 효과는 백화점과 같이 대형 유통점에서 저층부 집객 인원을 분수처럼 상층부로 분산시켜서 매출이 증가하는 효과를 말하고, 샤워 효과는 상층부의 멀티플렉스 영화관과 같은 집객 요인에서 저층부로 집객 인원을 분산하는 것을 말한다).

그러나 과거보다 유통몰 내부 개원은 감소하고 있으나 그럼에도 여전히 도심 유통몰이 있는 병의원 상권에는 영향을 미치고 있기 때문에 개원 과목에 대한 이해가 필요하다.

다음은 유통몰이 병의원 개원 과목에 영향을 미치는 몇 가지 사항이다.

• 할인점, 백화점 내부 병의원에는 어떤 과목이 개원할까?

대면 판매와 소비자의 목적형 구매로 할인점, 백화점 고객이 내부 병의원에서 진료받는 비율은 과거보다 감소하고 있다. 과거 지역의 대형할인점에는 가족 고객을 위한 소아·청소년과와 이비인후과의 개원이 두드러졌으나 현재는 신도시나 택지지구 인근 할인점과 유통몰에 개원한 의원들을 제외하고 대부분 철수했다.

또한, 도심형 백화점과 대형 유통몰에서는 오랫동안 비보험 중심의 피부과와 치과, 특화형 한의원, 마취통증과들 중에는 안정적으로 운영되고 있는 곳이 많았지만, 높은 임대료와 관리비에 비해 신규 환자 증가세가 둔화되고 있어 동일 상권의 외부 이전을 검토하는 원장님들이 증가하고 있다.

• 역세권 유통몰은?

KTX가 개통되기 전 서울의 대표적인 기차역은 서울역과 영등포역이었다. 특히 영등포역은 경부선 새마을호 이하 기차의 정차역이었으므로 서울역까지 갈 필요 없이 서울과 경기 서·남부권, 인천 주민들이 이용하던 기차역으로, 호남선 이용이 많은 용산역보다 상권이 활성화된 상권이었다.

그러나 영등포 롯데백화점이 영업을 시작하고 이후 구 신세계백화점이 타임스퀘어로 업그레이드되었지만, KTX 운행 이후 정차하지 않으므로 영등포역 기능이 축소되면서 상권은 급격히 위축되었다. 이런 영향으로 영등포역 앞 일부를 제외하고는 영등포로터리 방향과 시장 앞 전면도로는 급속히 위축되어 전면도로뿐만 아니라 상권 내부 공실률도 높아지고 있다.

따라서 영등포역의 병의원 상권은 기존 유동 인구와 전통적인 영등포 역세권 유명세에 의지한 병의원들을 제외하고는 경쟁력이 떨어지고 있다. 영등포역 상권이 이런 상황이지만, 지역의 배후 세대에 의존하는 대형 유통점 상권 중 안정된 배후 세대 유입에 의해서 상권이 형성되는 곳이 있다.

대표적인 지역이 앞서 언급했던 성북구와 강북구의 중앙에 위치한 4호선 미아사거리역 상권으로, 현대백화점 미아점, 이마트 미아점, 롯데백화점 미아점이 있는 상권이다. 이런 상권의 장점에도 불구하고 3개의 대형 유통점 중에서 점포 내부 개원은 현대백화점 내의 피부과와 치과를 제외하고는 눈에 띄지 않는다. 이것은 풍부한 유동 인구에 비해서 앞서 언급했듯이 목적형 구매로 유통점 내부 병의원 이용이 낮아 외부 병의원 전문 빌딩을 이용하는 비율이 증가하고 있기 때문이다. 이런 영향으로 미아사거리역 주변의 병의원 개원이 가능한 상가의 경우 공실을 1년을 기다려도 찾기 어렵고, 권리금 또한 높은 금액에 형성되어 있다.

다시 말해, 대형 유통점, 백화점이 있는 병의원 상권은 유명세보다 배후 인구 유입이 안정적인 지역이 유리하고, 이런 지역의 경우 개원상가를 찾기 어려워 유통몰 내부보다 외부 병의원 상가를 적극적으로 검토하는 게 유리하다.

또한, 앞서 언급했지만 배후 인구 유입력이 큰 지역이라도 유통몰 내부 병의원 개원은 신규 환자 감소세가 뚜렷해지는 상황이어서 낮은 전용률, 높은 임대료와 관리비로 인해 경쟁력이 점차 떨어지는 추세이므로 진입 시 충분한 검토를 한 뒤 결정해야 한다.

⑤ 대형 전자 양판점 상권은?

삼성디지털프라자, LG베스트샵, 롯데하이마트, 전자랜드는 국내에서 대표적인 로드숍형 전자 양판점이다.

그렇다면 이들 양판점과 병의원 상권과는 어떤 관계가 있을까? 먼저 양판점이 입점한 상권, 입지의 공통적인 특징을 알아보자.

ⓐ 시, 군, 구 전체 주민들의 가시성과 접근성이 좋은 위치에 입점한다. 실질적으로 군 단위 지역은 군민 숫자가 부족해 전자 양판점은 전국적으로 제한해서 출점하고 인접도시 점포를 이용한다.

ⓑ 차량 중심도로 : 4차선 이상(광역시급이나 수도권 점포는 8차선 이상에 위치)에 위치해 도보보다는 차량 이동에 의한 가시성이 좋은 위치에 입점한다.

ⓒ 수도권의 경우 : 도시의 메인도로나 구 지역의 메인도로 초입에 위치한다.

ⓓ 양판점과 유사한 상권 조건을 가진 업종이 자동차 영업소로 전자 양판점 인근에는 자동차 영업소가 있다.

전자 양판점이나 자동차 영업소 인근에는 도시 전체 주민이나 최소한 구민들이 진출입하는 자동차가 접근하는 도로에 위치해 주차 조건을 갖춘 특화형 병원이나 병원급 정형외과들이 많다. 대단지 배후 세대가 인접한 도로일 경우에는 병의원 전문상가들이 들어오는 경우가 많다.

따라서 전자 양판점, 자동차 영업소가 집중된 지역 인근에 대단지 아파트가 있거나 새롭게 조성되는 지역에 병의원 전문 상가가 조성된다면 상권, 입지 선택에 적극성을 보여도 좋다.

⑥ 유흥, 숙박 업종이 강세인 상권

유흥, 숙박 업종이 강세인 상권은 신도시 및 도시 중심 상업 지역에 분포되어 있다. 유흥, 숙박업이 강세였던 상권은 중심 상업 지역으로 여전히 다른 상권보다 활성화된 곳이 많지만, 코로나19로 돌이킬 수 없는 치명타를 입어 유흥, 숙박 업종이 있는 입지 인근은 한적함을 넘어서 사람의 발길이 끊어진 곳도 상당수다.

만약 병의원 개원을 위해서 선택한 상권에 유흥, 숙박 시설이 많다면 어떤 점을 고려해야 하는지에 대해 살펴보려고 한다.

· 도심의 유흥, 숙박 시설은 야간 업종이다.

기본적으로 유흥, 숙박은 야간 업종이기에 주간 업종인 개인 병의원과는 궁합이 맞지 않고, 업종 침체로 상황이 어려운 상권이 많다.

서울 순환선인 2호선 신림역과 서울대입구역은 예나 지금이나 이용객이 넘쳐나는 최상위 A급 지하철역으로, 유흥과 숙박업소가 특히 많았던 지역이다(2호선 본선 43개 역 중에 승하차 순위 4~7위 지하철역이 많음). 그러나 유흥과 숙박업이 침체하면서 코로나 이전부터 변화를 모색해 기존 숙박업소는 안정적인 지하철 이용객을 대상으로 주거용 오피스텔, 원룸으로 재건축해서 빠르게 1인 세대 유입이 증가했다.

신림역은 유흥, 숙박의 침체와 직접적인 1차 상권 내 인구는 제한적이지만, 지하철역을 이용하는 상권 범위가 넓기 때문에 지하철 이용객이 안정적이라는 게 큰 강점이다. 이로 인해 신림역 사거리와 서울대입구역 사거리를 중심으로 새로운 상업용 건물이 신축되고, 리모델링을 해 개인 병의원 상권은 안정세를 보이고 있다.

이런 영향으로 2호선 지하철역 인근의 상가 건물 중 복합상가나 주상복합상가 중 병의원 입지로서 컨디션이 좋은 상가에 진입한 병의원의 경우 내원 환자들의 숫자가 안정적이다. 반면 앞서 언급했던 영등포역 상권은 과거에는 지명도가 높은 상권이었지만, 영등포역의 기능 축소로 유흥, 숙박업이 침체되면서 상권 전체가 상당히 고전하고 있다.

최근 2~3년 사이 내부 숙박업소들이 오피스텔로 변화를 꾀하고 있지만, 실질적으로 상권 활성화가 어려운 것은 신림역과 서울대입구역에 비해 상권으로 유입되는 지역민들의 수가 대폭 감소했기 때문에 병의원 환자들이 증가할 수 없는 것이다.

결국 업종 침체로 상권 환경의 질적 변화를 시도해도 유입되는 사람들이 감소하고, 상권에 머물 수 있는 변화가 없다면 병의원 상권, 입지도 제한되기 때문에 질적 발전을 하기 어렵다.

· 신도시 유흥, 숙박 시설은?

도심 유흥, 숙박업은 중심 상업 지역에 분포해 있다면, 신도시의 유흥, 숙박업은 주거지와 중심 상업 시설이 거리가 멀지 않기 때문에 제한된 입지에만 진입한다는 특징이 있다.

또한, 도심 유흥, 숙박은 하나의 건물에 하나의 업종(소)이 진입하거나 층별로 구분해 진입하더라도 유흥, 숙박 관련 업종이 하나의 건물을 구성하는 경우가 많다. 반면 신도시 유흥, 숙박 시설은 도심의 유흥, 숙박과 유사한 형태인 곳도 있지만, 대부분 신도시 중심 상업 지역이 위치한 중심도로에 저층부는 소매, 음식&카페 및 생활서비스 업종이 진입하고, 상층부에 위치한 곳이 많다.

유흥과 숙박업의 침체로 가시성과 접근성이 좋은 입지이지만, 상층부가 통째로 공실이 발생한 곳도 있다. 1기신도시 상업 지역 중에는 전면 메인도로에 노출된 모텔, 나이트클럽, 유흥주점, 웨딩숍 중 상당수는 해결책을 찾지 못하고 어려움을 겪고 있다.

이런 상황에서 대형 면적이 필요한 과목이나 병원급 면적을 찾는 개원의들이 공실이 발생한 곳을 적극적으로 용도변경하는 사례가 심심치 않게 보인다. 대형 면적이 필요한 예비 원장님 중 적합한 입지를 찾기 어려운 분들이라면 시도해볼 만한 모델이다. 반드시 건축사의 건축물 용도변경에 대한 자문을 받고 계약을 추진해야 한다.

또한, 건물주들도 구분상가로 유흥, 숙박, 웨딩홀 관련 업종으로 출구를 찾을 수 없다면 충분한 상권 조사 이후 선제적으로 용도변경을 통해 시도해볼 만하다.

⑦ 행정관청 인근 상권

도심에 위치한 행정관청은 지역 주민들이 상권의 상징성, 목적성 방문으로 인해 관할 지역의 중심 상권 역할을 하는 게 일반적이다.

앞서 언급된 강북구청이 있는 수유역 상권은 오랫동안 강북구 중심 상권으로, 구청이 이전하지 않는다면 미아사거리역과 함께 중심 상권 역할을 하게 될 것이다. 이러한 구청과 인접한 중심 상권의 병의원은 안정적인 상태를 유지할 가능성이 크다. 실제로 강북구청이 있는 수유역 상권 도봉로의 상태가 좋은 상가 건물의 경우, 공실이 없을 정도로 병의원이 개원하고 있다.

그러나 2000년 이후 도심의 대표적 행정관청인 시, 군, 구청이 신도시나 새로운 택지 지역으로 이전해 도시의 중심이 이동한 예는 흔하게 찾을 수 있다.

대표적인 도시가 천안시로, 2000년대부터 백석동, 불당동 개발이 본격화되면서 2005년 시청이 불당동으로 이전하게 되었다. 동시에 삼성전자를 비롯한 산업단지의 배후 주거 지역 개발의 필요성에 따라 백석동과 불당동에 대규모 주거지가 조성되면서 천안시 상권의 중심은 신부동에서 불당동으로 이동이 시작되었다.

불당동 정석프라자

신불당동 상권에서 병의원이 가장 집중된 입지 초입

이후 2015년 이후 신불당 입주가 시작되면서 구불당동의 상업 지역이 유흥과 지역 주민 라이프 스타일 업종이 혼재되었다. 이러한 상황에서 신불당 상업 지역을 유흥이 배제된 지역 주민 대상의 생활 소비·서비스, 금융, 의료, 학원 중심으로 재편하면서 병의원 개원도 구불당동에서 신불당동으로 이동하게 되었다.

불당동 상권은 행정과 주거가 결합된 상권인데, 거주자가 산업단지 근로자로 소득 수준이 천안시에서 가장 높기 때문에 병의원 대부분 과목에서 경쟁력을 갖추었다는 게 장점이다.

이와 같이 행정관청이 도심에서 새로운 상권으로 이동하고 소득 수준을 갖춘 주거단지가 조성되면, 상권은 당연히 집중되고 경쟁력을 갖추기 때문에 개원한 병의원도 경쟁력이 있다.

그러나 많은 도시가 도심의 시·군·구청을 외곽으로 이전하면서 새로운 행정타운을 개발하고 있지만, 대부분 인접 지역에 주거 지역이 입주하기에는 상당한 기간이 소요되고, 심지어 주거 지역과 완전히 분리된 타운을 조성했기 때문에 주민 접근은 대중교통보다는 차량을 통한 이동을 선호하고 있다.

이런 행정관청으로 인한 상권의 발전과 확장성을 기대하기 어렵기 때문에 병의원 상권 역시 형성되기에는 한계가 있다. 즉, 행정관청의 상권 기능은 도심에 있거나 이전하더라도 대규모 주거단지가 함께 조성될 때만 상권 효과를 기대할 수 있다.

상권에 따른 병의원 개원 형태

병의원 상권 입지를 선택할 때 상가 내 층별 MD 구성에 따른 진입 여부와 진입한다면 어떤 층을 선택할 것인지는 상가의 수직적 업종 현황을 기준으로 판단하게 된다.

또한, 일정한 상권 범위 내 다양한 업종과 환경에 따라 병의원 개원 적합 여부는 수평적 현황을 기준으로 판단하게 된다.

여기에서는 상가의 수직적 업종 현황이 아니라 상권의 수평적 환경 요인이 개원에 어떤 영향을 미치는지 살펴보려고 한다.

A급 중심 상권에서 병의원 개원

서울의 강남역, 부산의 서면역, 대구의 반월당역은 도시에서 지하철 이용객이 가장 많은 지하철역으로 병의원 개원이 가장 활발한 곳이다.

이런 상권의 경우 병의원 전 과목이 개원하고 특히 비교적 의료비용이 많이 드는 비보험 과목인 피부과, 성형외과, 치과(교정치과), 한의원(특화)들의 개원이 가장 활발하다.

입지의 공통적인 특징은 병의원 빌딩으로, 신도시나 택지지구의 병의원 빌딩은 일부 층에 불과하지만 이러한 상권에서는 높은 확률로 빌딩 전체 층에 돈 되는 과목의 병의원이 집중되고, 같은 건물에 같은 과목의 중복 개원의 빈도수도 높다.

강남역과 서면역(좌측 강남역, 우측 서면역)

특화된 병의원 빌딩에서 개원하고 이른바 돈 되는 과목의 개원 비율이 높고 경쟁 또한 치열하다.

이런 도시 중심 역세권의 경우, 내원하는 환자들은 상권을 방문한 뒤 진료를 받을 병의원을 결정하는 것이 아니라 집이나 사무실에서 내원할 병의원을 미리 결정한 후 방문한다.

따라서 중심 상권에서 개원을 결정하는 요인은 광고 및 프로모션과 SNS 평판이므로 임대료와 관리 비용도 높지만, 지속적인 광고 홍보와 SNS 관리 비용 또한 만만치 않다. 따라서 이에 대한 고려가 필요하다.

신도시 역세권에서 개원

1기 신도시의 지하철을 꼽으라면 일산의 3호선과 분당의 분당수인선을 꼽을 수 있다. 양 지역 모두 지하철 역세권이 잘 형성되어 있는데, 도시의 메인도로와 지하철을 따라 상권이 형성되어 있다는 공통적인 특징이 있다.

그중 분당 상권은 분당수인선 역세권을 중심으로 상권이 형성되었고, 개원도 지하철 주변에 집중된다. 따라서 상권 내에는 종합병원과 일반병원급들뿐만 아니라 의원, 치과, 한의원들이 잘 분포되어 있다.

이런 신도시 배후 인구를 기반으로 하는 지하철 역세권에 개원하는 병의원은 아파트 인근의 근린 상권의 병의원과 진료 형태가 비슷하므로 직접적으로 경쟁하게 된다. 이런 경우, 전문 병원급을 제외한 의원, 치과, 한의원을 선택할 때 환자들은 시설, 규모, 건물의 조건 못지않게 지역 내에서의 평판도 살핀다.

이때 5~10년 사이 개원해서 선점한 병의원이 절대적으로 유리한데, 개원한다면 경쟁점을 회피하기보다는 반대로 같은 과목 개원이 집중된 입지 인근에 개원하면, 초반 홍보에는 애를 먹지만 장기적으로는 정착에 유리하다.

다만, 주의할 것은 비급여 진료가 많은 과목의 경우 상권 내에서 경쟁이 치열할수록 덤핑 진료나 시술이 있을 수 있는데, 이런 상권은 선점한 자본력이 충분한 병의원을 이길 수 없다.

도심 역세권에서 개원

도심 지역 역세권이라 하더라도 병의원이 들어갈 수 있는 컨디션을 갖춘 상가는 제한적이다. 다만, 병의원이 진입할 수 있는 컨디션을 갖춘 건물이 있다면, 다음과 같이 선택하는 것이 좋다.

상권 내부 이면도로변에 접하는 건물보다는 도시의 중심도로가 접하는 전면도로에 개원하는 것이 절대적으로 유리하다. 도심 지하철 역세권이 발달된 지역의 일반적인 개원 후보 건물의 유형은 다음과 같다.

① 중앙 버스차로의 횡단보도와 인접한 건물
② 지하철 출입구 진행 방향 건물 - 지하철 출구와 출구 사이는 사각이 발생하니 선택에 주의해야 한다.
③ 버스 환승정류장은 다양한 노선 버스 종류와 노선 숫자가 많을수록 이동이 활발한 상권으로, 유리하다.

전통시장 인근에서 개원

앞에서 시장을 규모별로 도시형 시장, 지역 거점형 시장, 골목형 전통시장으로 구분했다. 그렇다면 전통시장에서 개원한 병의원 유형은 어떨까?

① 도시형·지역형 전통시장

도시형, 지역형 전통시장 앞 병의원은 시장 방문객이나 시장 인접 배후 지역 인구의 평균 연령이 높기 때문에 이에 적합한 병의원 과목이 눈에 띈다.

- **정형, 통증. 재활질환 병의원** : 정형외과, 마취통증의학과, 재활의학과, 신경외과 등
- **내과** : 외래 전문, 검진 전문, 신장(투석)질환 전문. 특히 연령대가 높은 거주 지역의 경우, 신장 전문 병의원의 분포가 눈에 띔
- **노화 케어형** : 피부, 성형(주름, 다이어트), 안과(백내장, 녹내장, 망막질환), 비뇨기과(남성 성 기능장애) 등 노화로 인한 질환과 관리에 중점을 둠
- **부인과, 여성병원** : 출산과 여성질환을 함께 하는 여성병원이나 산부인과도 있지만, 부인과질환과 여성 미용수술을 전문으로 하는 병의원의 개원이 많음
- **한의원** : 교통사고, 노인성 통증, 한약 등, 입원실을 운영
- **치과** : 임플란트, 치과 교정
- **특화** : 특정질환을 전문으로 하고 도시나 전국적으로 명성

을 얻은 스타 의사나 병의원의 지명도에 의해서 유지되는 병의원

② 지역 거점형 시장

도시형 전통 시장에 개원하는 대부분 과목이 지역 거점형 시장에도 개원한다. 유입되는 타깃 환자들의 거주 지역 중심의 상권 범위에 따라 규모와 의료 인력이 차이 난다.

③ 동네 골목형 시장

동네 골목형 시장을 이용하는 동네 단위나 반경 500m 전후의 배후 세대에 의해서 병의원 과목 입점 유형이 결정된다. 배후 인구의 규모가 클수록 병의원의 과목이 다양해지는데, 기본적인 유형은 다음과 같다.

- **내과** : 외래, 내과 검진(건강보험)
- **통증, 교통사고** : 정형외과, 한의원
- **치과** : 임플란트
- **기타** : 이비인후과, 소아·청소년과. 신도시, 택지 지구에 신규 개원하지만, 기존 도심 동네 골목시장에는 이비인후과나 소아·청소년과 개원 사례는 많지 않은데, 출산율이 감소하고 지역의 아이들이 빠르게 줄어들고 있기 때문이다.

디지털산업단지와 지식산업센터의 병의원 유형

2000년대 이후 많은 대기업 제조업체가 해외나 지방, 도시 외곽으로 이전해 전용 공단이 개발되었다면, 도시와 인접 지역은 오염원이 없는 IT 중심의 디지털산업단지(또는 테크노밸리 - 이하 디지털산업단지로만 표기)가 개발되었다. 도시 내 있던 대규모 준공업 지역이나 신도시의 자족 용지에는 지식산업센터 개발 붐이 일었다.

디지털산업단지와 지식산업센터에서 병의원 개원은 안정된 급여생활자들이 많이 근무한다는 점과 주간 근무하는 직장인들 입장에서 근무시간이나 점심이나 퇴근 이후 진료를 받을 수 있기 때문에 선호한다.

또한, 디지털산업단지와 지식산업센터에서는 안정된 급여생활자들이 많이 근무하고 있어 개원하는 예비 원장님들 입장에서도 환자 확보에 유리하다. 그리고 일주일 중 5일만 근무하고 주말에 정상적으로 휴식을 취할 수 있다는 장점이 있다.

그렇다면 디지털산업단지와 지식산업센터에서는 어떤 입지에 병의원이 진입하고, 진입할 경우 어떤 병의원 과목들이 개원하는지 살펴보기로 하자.

디지털산업단지 유형

일반적인 제조업의 경우, 대규모 토지와 건물이 필요하고 인력 또한 수천 명에서 수만 명이 동시에 근무한다. 이런 환경으로 인해 중화학공업이나 전자산업단지의 직원들은 상시 진료나 검진 시 사내 병의원을 이용하고, 전문적인 의료서비스가 필요할 때는 종합병원을 이용한다. 그렇기 때문에 인접한 지역에 주거지가 대규모로 조성되지 않았다면, 인접 병의원의 외래 이용빈도는 생각보다 높지 않다.

다만, 지식결합이 집적된 디지털산업단지의 경우 개별 업체의 인력 구성이 제조업체만큼 많지 않아 기업 내 병의원을 둘 수 있는 상황이 아니기 때문에 주간 진료를 위해서 단지 인근의 병의원을 이용하게 된다.

디지털산업단지의 건물 유형은 전체 층에 기업이 진입하는 유형과 지하 1~2층(5층 내외도 있음)에 지원 시설인 근린 생활시설이 진입하고 상층부에 기업이 입주하는 형태를 띠게 된다.

디지털산업단지에서는 10층 전후 All 상가형은 찾기 어려운데, 이것은 토지 효율성을 높이기 위해서 지원 시설인 근린 생활 시설과 업무 시설, 아파트형 공장이 동시에 입주하기 때문이다.

이때 병의원은 주로 2층(근린 생활 시설 층이면 그 이상 층도 가능)에서 개원하게 되고, 경쟁력 있는 병의원의 입지는 출퇴근하는 지하철역 방향이나 노선버스 이용 빈도가 높은 여러 개 단지가 진입하는 초입이다.

대표적인 디지털산업단지로는 (구)구로공단을 IT, 벤처 중심으로 재편한 서울디지털국가산업단지가 있다. 이는 가산디지털산업단지와 구로디지털산업단지로 구성되는데, 2021년 2분기 기준으로 근로자 숫자는 141,920명으로 이 중 가산디지털산업단지에 약 9만 명, 구로디지털산업단지에 5만 명이 근무한다.

다음은 이 중 규모가 가장 큰 가산디지털단지역 인근 병의원 분포도와 개원한 주요 과목이다.

가산디지털단지역 병의원 분포도

가산디지털단지역 2020년 1일 승하차 인원/1호선 : 42,687명. 7호선 : 55,870명. 코로나19 이전 승하차 이용객은 2020년보다 약 30% 정도 많다.
출처 : 카카오 지도

디지털산업단지에 개원하는 병의원 과목은 철저히 근무자 중심으로, 중증질환보다는 경증질환에 집중되고, 반복적이고 장기적인 진료와 상담을 요하는 과목이 주로 개원한다.

개원 과목 유형은 중복되는 경우도 있지만 다음과 같다.

① **상시검진, 진료형** - 내과, 이비인후과, 피부과, 정신건강의학과, 산부인과(부인과 진료, 검진 중심 - 디지털산업단지의 여성 직장인 증가 원인)

② **통증, 교통사고 관리형** - 정형외과, 마취통증의학과, 재활의학과, 한의원(교통사고 비중 높음)

③ **치과** - 임플란트

④ **자기 케어형** - 피부과(피부관리), 한의원(다이어트, 피부)

지식산업센터 유형

전국 대도시 인근 디지털산업단지의 병의원 입점은 앞서 설명했듯이 단지 초입이나 지하철 역세권, 노선버스가 운행하는 주도로 가까운 곳에 집중된다.

고밀도로 집적된 산업단지들이 있지만, 2000년대 중반 이후 서울과 수도권 제조업체 공장 부지나 중공업 지역을 중심으로 대규모 지식산업센터 개발 붐이 일었다. 그러면서 단일 지식산업센터이지만 상주 인구도 늘어나고 인접한 단지 근무자까지 유입되어 충분히 병의원 상권 경쟁력을 보여주는 곳이 있다.

지식산업센터 상주인구를 계산할 때 과거 오피스빌딩은 연면적 10평당 한 명의 상주인구를 계산했으나, 공유 면적의 증가와 사무실 공간 내의 스페이스가 커지면서 1인이 사용하는 면적이 넓어져 연면적 10평당 0.8명 전후로 감소했다(단, 지식산업센터 중 드라이브스루 비중이 큰 건물의 경우, 상주 인구는 이보다 감소한다).

(구)코카콜라 공장이 철수한 자리에서 2011년에 개발을 시작해 2013년 입주한 금천구 독산동 현대지식산업센터의 경우, 연면적 17만 5,000㎡(53,000평)로 당시로선 서울에서 가장 큰 규모라고 홍보했다. 이 계산으로 추산해본다면, 입주가 모두 이루어졌다고 가정할 경우 0.08×53,000평=약 4,240명이 근무하고 있다고 추정할 수 있다.

단일 대형 지식산업센터에 개원하는 대표적 병의원 과목의 유형은 앞서 언급했던 디지털산업단지의 개원 형태와 유사하지만, 진료의 범위는 축소되는 경향이 있다.

금천구 독산동 현대지식산업센터

내과, 치과, 한의원 개원

일반적인 개원 과목의 유형이다.

① **치과** : 가장 숫자가 많기 때문에 규모가 큰 지식산업센터 1개, 인접한 1~2개를 대상으로, 장기간에 걸쳐서 시술이 필요한 임플란트 환자를 중심으로 한다.

② **한의원** : 치과 다음으로 국내에 많다. 또한, 치과와 동일하게 지식산업센터 1~2개를 대상으로 하고, 다이어트, 피부 진료보다는 기본적인 통증, 자동차 보험 환자에 충실한 개원이다. 정형외과, 마취통증의학과, 재활의학과의 경우, 디지털산업단지에 충분한 타깃 환자층이 예상될 때 개원하지만, 배후 환자층이 얇을 경우는 한의원이 이를 담당한다.

③ **검진, 진료** - 내과, 이비인후과. 내과 검진의 경우, 직접적인 인접 단지와 주변 배후까지를 염두에 두고 개원하며, 이비인후과는 외래 환자 중심의 진료를 하는 개원 형태다. 앞의 독산동 현대지식산업센터에는 내과, 치과, 한의원이 개원해 있다.

대형 지식산업센터의 경우, 한꺼번에 대규모 상주 인구 유치에는 유리하지만, 경기 불황과 입주 기업 상황으로 여러 개 층을 사용했던 기업이 한꺼번에 빠져나갈 때 즉시 채울 수 있는지가 가장 큰 관건이다.

또한, 앞서 언급한 디지털산업단지와 지식산업단지의 경우, 수도권과 지역에서 계속 증가하는 추세이므로 이런 유형의 지역에서 개원을 검토한다면, 가산디지털산업단지와 금천구 독산동 현대지식산업센터 사례를 참고할 만하다.

지방혁신도시 병의원 분포

2000년 이후 정부는 수도권 집중 현상을 해소하기 위해 중앙에 집중된 공공기관을 지방으로 분산해서 혁신도시를 조성했는데, 이는 전국에 10개가 있다.

현재는 혁신도시 사업이 대부분 마무리되었고 상권이 활성화된 곳도 있지만 아직 그렇지 못한 곳도 있다. 이번에는 혁신도시 상권에서의 병의원 상권, 입지에 대해 설명하려고 한다.

혁신도시의 인구 규모는 영향력이 미치는 인접 행정동을 합쳐도 5만 명 전후로, 도시 상권이 형성되는 과정은 일반적인 수도권 신도시와 유사점도 있지만 차이도 있다.

혁신도시 상권 형성 과정을 보면, 공공기관 지방 이전을 통한 수도권 분산 목적이 있기 때문에 단순히 공공기관 인근에 상권이 형성될 것으로 생각하기 쉽다. 그러나 초기 혁신도시는 세종시와 마찬가지로 공공기관 종사자들이 자녀의 학군과 가정생활을 위해 인근 대도시에서 거주하면서 출퇴근하거나, 나 홀로 근무하다가 주말에 거주했던 도시로 돌아가는 상황이 반복되었다.

이런 상황으로 혁신도시의 초기 입주자는 공공기관 종사자 비율 못지않게, 인접 도시에서 수십 년 동안 거주했던 전문직, 직장인, 자영업자, 중산층 중에서 좀 더 나은 주거환경을 가지기 위해 이주하는 사람이 많았다.

일반적으로 혁신도시는 공공기관 입주가 시작되면서 인근에 상업시설이 들어오지만, 상권은 근무자들과 원도심 이주자들을 위한 아파트가 입주하는 시점에 아파트 인근에 형성된 상권부터 활성화되는 특징을 지니고 있다.

이 과정은 일반적인 신도시 상권 형성, 활성화 과정과 동일하지만, 신도시 상권의 경우 아파트 인근 주거 지역에 근린 상권이 형성되고, 일정 기간이 흐르면 상권은 주거 지역이 인접하지 않아도 중심 상업 지역으로 이동하는 게 일반적이다.

그러나 혁신도시의 경우, 상업 지역은 주거 지역이 인접하지 않았다면, 공공기관이 인접하더라도 좀처럼 상권이 활성화되지 않는다. 이것은 주거가 제외된 상가 지역의 경우, 혁신도시 인구가 수도권 신도시 인구의 절반에도 못 미치기 때문이다. 인접 공공기관 종사자를 대상으로 한 상업용 상가만으로 상권을 형성하기에는 배후 인구 규모가 미흡하다.

그렇기에 혁신도시의 주거 지역이 인접하지 않은 중심 상업 지역에 일반적인 과목의 병의원이 개원할 경우 환자 부족으로 경쟁력을 확보하기 어렵다. 다만, 이런 지역은 도시 전체를 대상으로 한 병원, 요양 병원, 특수목적 병원이 진입 시 지명도를 바탕으로 도시 전체나 인접 도시 환자를 유치한다면 경쟁력을 가질 수 있다.

이렇듯 주거가 결합되지 않은 혁신도시의 상업 지역은 주거 지역에 계획된 아파트의 목표 인구가 달성되면 더 이상 인구가 유입되지 않고 아파트 인근만 상권이 활성화된다. 수도권의 일반적인 신도시의 경우, 10만 명 이상의 도시가 대부분으로 중심 상업 지역에 배후 세대가 인접하지 않더라도 주거지 인근의 근린 상권이 활성화된 뒤에 중심 상업 지역이 활성화된다.

강원혁신도시

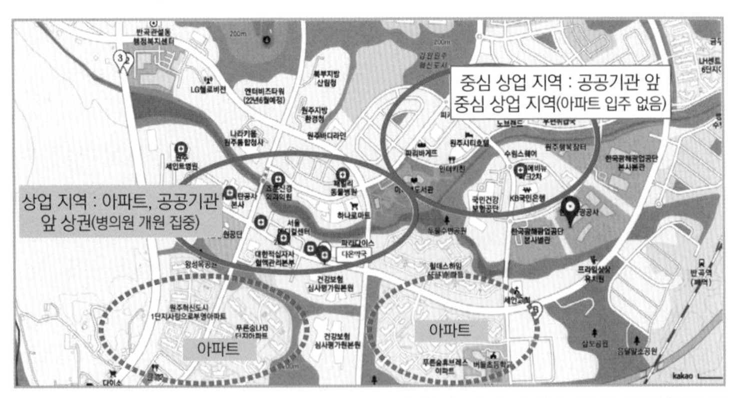

원주시 동쪽 끝에 위치해 인구 규모는 단구동과 함께 가장 많지만, 상권 확장성이 떨어져 아파트, 공공기관이 들어선 상업 지역에만 병의원 개원이 집중된다.

앞의 지역 분포 사례를 보면 주거 지역과 공공기관이 낀 상업 지역에 병의원이 집중되고, 그렇지 못한 지역은 진입이 제한적이다. 따라서 신도시나 택지 중에서 확장성을 가지지 못한 상권에서 의원, 치과, 한의원을 개원한다면 상가의 규모가 아닌, 주거지 집중성을 보고 개원해야 한다.

| 주 |

혁신도시 중에는 상권 확장성이 떨어지는 지역도 있지만, 전북혁신도시(전주시, 완주군 이서면)는 전주시의 관문인 초입에 위치해 비교적 상권 확장성을 가진 대표적인 혁신도시다.

상가의 MD 구성 카테고리 이해

병원급(30병상 이상) 이상이나 전문 과목 의원급(30병상 미만)은 통상가를 신축하거나 임대해 전체를 병의원으로 개원하지만, 대부분의 개원의들은 상업용 상가 1개 층이나 일부를 임대나 매입(분양)해 개원하게 된다.

상가는 각 층별로 해당 층에 맞는 업종으로 계획되고, 이 계획에 따라서 층별 업종이 채워지게 되는데, 이것을 상업용 상가의 MD 구성이라고 한다.

상업용 상가에서는 '○○메디컬타워', '××메디피아' 등 누가 봐도 병의원 빌딩임을 인식할 수 있도록 작명을 하는 게 유행이지만, 병의원 전용 빌딩이라는 의미보다는 병의원을 유치할 경우, 건물은 장기간 높고 안정적인 임대료 유지가 가능하기

| 주 |

MD(Merchandising)는 소매 마케팅에서 상품 기획과 판매 촉진을 위한 모든 활동을 말하는데, 상가 MD 구성은 상가의 상품 기획으로, 상가 전체 층별에 어떤 업종을 유치할 것인지 그 일련의 과정을 말한다.
최근에는 각 층별 공간의 사용 용도, 법규와 공간 기획을 말하는 조닝(Zoning)이란 용어를 전문적으로 사용하는 빈도가 높다(이 책에서는 일반인들이 폭넓게 사용하는 상가 MD 기획, 계획이란 용어로 설명한다).

때문이다. 또한, 분양 상가라면 완판이 쉽기 때문에 건물명에 병의원이라는 이름을 사용하게 된다.

이런 병의원을 전면에 내세우는 상가의 경우에도 병의원은 일부 층과 면적에만 진입하게 되므로 상가 전체의 활성화를 위해서는 각 층별로 어떤 업종을 유치하는 것이 유리한지 계획이 필요하다.

상가에서 적합한 병의원 층을 선택하기 위해서는 상가 MD 구성에 대한 이해가 필요하다. 상가의 일반적인 MD 구성 법칙에서 상업 지역 상가 중 병의원이 입점하는 상가의 층별 특징, 구성 시 상권과 상가의 환경변수를 중심으로 살펴보자.

로드샵이 중심이 된 병의원 상가의 MD 구성 카테고리는 어떻게 구성되고 있을까?

키테넌트(전략 업종)

대상 업종으로는 특정 업종 가리지 않고 상권에 따라서 병의원, 카페, 유명 프랜차이즈 음식점, 대형 학원 등 다양한 형태로 나타난다. 동일한 업종이라 하더라도 어떤 브랜드를 입점시키느냐에 따라 달라진다. 키테넌트 기능을 수행할 수 있는 업종은 정해진 규칙보다는 상가의 집객력을 최대로 끌어올릴 수 있는 카테고리와 브랜드들이다.

예를 들어, 앞에서 스타벅스는 국내 프랜차이즈 커피전문점과 비교해 매출에서 약 1.5배 차이가 난다고 이야기했다. 따라서 커피전문점을 입점시킬 경우 이왕이면 스타벅스가 국내 브랜드보다 경쟁력이 높다. 물론 이는 스타벅스를 선택할 경우 시행사에서 분양과 임대가 용이하다는 이야기이지, 상가에 스타벅스를 입점시킬 때 다른 브랜드보다 수익률이 높다는 이야기는 아니다.

또한, 키테넌트 업종이라고 해도 효과가 오랫동안 지속되지 않는 경우가 있는데, 몇 년을 넘기지 못하고 몰락한 한식부페가 대표적인 사례다.

MD 구성에서 키테넌트 전략을 잘 구사하면, 대형 쇼핑몰로서 쇼핑 공간의 가치와 집객력을 높이는 유치할 수 있는 탁월한 경쟁력을 가지게 된다.

라이프 스타일

배후 고객의 생활과 밀접한 일상용품을 판매 및 서비스하는 업종으로, 대표적인 것이 마트, 이동통신, 생활용품 할인점 등이다.

F&B

밥집, 술집, 카페, 디저트 등 먹고 마실 것을 파는 곳이다. 전통적인 상가에서 저층부에 가장 많은 비중을 차지하는 업종이지만, 최근에는 이러한 층수에 대한 개념이 없어지는 추세다. 소상공인 업종 중에서 가장 많은 부분을 차지하고, 주로 저층부의 분양가와 임대가가 높다. 시행분양사는 어떤 경쟁력 있는 업체를 입점시키느냐에 따라서 상가 수익률뿐만 아니라 전체 경쟁력이 달라진다.

패션&뷰티

뷰티, 아웃도어, 이너웨어 등 패션류와 화장품, 미용, 네일, 왁싱샵 등이 해당하며, 각 브랜드들의 상권 규모는 업종 특성에 따라 차이가 난다. 특히 복합몰과 스트리트형 상가의 패션 업종에서는 SPA 브랜드나 편집샵의 강세가 뚜렷해지는 반면, 로드샵 패션&뷰티 브랜드의 폐점률이 높아지고 신규 출점 역시 줄어들고 있다. SPA 브랜드는 주로 스트리트형 상가 이상에 입점해 키테넌트 역할을 수행하는 곳이 많고, 그 기능은 강화되는 추세다.

금융 서비스

지역은행, 시중은행, 저축은행 등 은행권과 증권회사, 보험회사 지점들이 해당하며, 이들이 입점을 희망하는 상권에는 차이가 있다. 매년 점포 축소를 하는 금융권으로 인해 금융 서비스 카테고리를 상가 MD로 계획할 때는 대안 카테고리 업종도 고려해야 한다.

병의원 존

경쟁이 가장 치열한 분야로 병의원 과목 입점이 많을 경우, 상가 전체가 활성화되는 게 일반적인 추세다. 로컬형, 거점형, 비보험, 보험계열 병원들의 입점 상권 규모가 다르고, 같은 과목이라도 특화 과목을 중심으로 개원이 늘어나며, 형태에 따라 상권 규모의 차이가 나기도 한다.

학원 존

초·중·고교 학생을 대상으로 하는 학원과 일반인 대상의 어학원, 취미, 자격시험 학원들이 있다. 상가 활성화에 도움이 되는 학원들도 있지만, 그렇지 않은 형태도 많기 때문에 각 학원의 업종 특성을 이해할 필요가 있다.

문화&오락 등

PC방, 노래방, 시네마, 피트니스, 필라테스, 요가, VR방, 골

프존, 스크린야구장 등이 해당된다.

팝업 매장

대형 상가가 증가하면서 당장 입주가 어려울 경우, 단기간 입점을 희망하는 업종과 브랜드에 대한 검토도 필요하다. 일반적으로 인테리어가 많이 필요하지 않은 업종들이 단기 임대를 선호한다. 상가 활성화를 위해서 공실 상가를 방치하기보다는 시행분양사들이 팝업 매장 등을 적극적으로 유치하기 위해 노력한다면, 상권 공실은 빠르게 채워질 수 있을 것이다.

코로나19 이후 비대면 소비와 서비스의 확대로 로드숍들의 입점 형태에도 많은 변화가 예상된다. 특히 배후 세대 인근의 근린상가보다는 중심 상업 지역일수록 MD 구성에서도 더 큰 변화가 예상된다는 점을 고려해서 대응할 필요성이 있다.

병의원은 몇 층이 유리할까?

상권을 선택한 뒤 개원할 입지 상가 건물을 선택했다면 다음은 몇 층을 선택할 것인지, 그리고 전체 층을 사용할 것인지, 아니면 일부를 사용한다면 해당 층에서 어떤 위치를 선택하는지에 대한 문제가 남았다.

10층 내외의 상가라면 3~5층이 일반적으로 병의원존으로 진입하는 층이지만 절대적인 사항은 아니다. 어떤 층을 선택할 것인지, 같은 층에서 전체 층을 사용할 것인지, 일부를 사용할 것인지, 상가의 구조와 진입 업종에 따라서 따져야 할 부분은 생각보다 많다.

고층보다는 저층을 선호한다

병의원의 층을 선택할 때 동일 상권 내에 경쟁이나 유사 과목이 어떤 층에서 개원하는지 살피는 것은 굉장히 중요하다. 상권 내의 병의원은 여러 개 과목이 같은 층이나 아래, 위층에 개원할 때 환자들의 접근 편의성이 높아진다.

만약, 인접 건물이나 같은 건물에서 동일한 과목을 개원했을 때, 상권이나 상가 내 입지가 뛰어나고, 규모 면에서 더 크며, 장비와 시설, 의료인력 구성원들의 경쟁력이 있다면 경쟁의 영향을 덜 받지만, 과도한 투자는 항상 주의를 기울여야 한다.

대표적인 동일 건물 중복 과목은 치과, 한의원이지만, 대규모 재건축·재개발단지의 근린상가의 경우, 일반 과목의 중복 개원이 심하다.

병의원이 집중된 층이 병의원 Zone이다

일반적으로 상업용 건물에서 병의원층을 계획한다면 앞서 언급한 것과 같이 3~5층을 병의원 MD로 계획하지만, 구체적으로 어떤 층을 선택하는 것이 가장 유리할까?

이 중에서 최대한 많은 과목이 개원하는 층이 병의원 층이고, 해당 층에 약국이 진입한다면 병의원의 집객력은 커지게 된다. 따라서 다른 병의원 과목이 집중된 곳이 1순위 병의원 층이고, 진입이 어렵다면 아래나 위층을 선택하게 된다.

물론 1개 층 전 층을 사용한다면 아래, 위층에 소음 요소나

장애 요소가 없다면 임대료가 싼 상층부로 이동해도 무방하다. 하지만 상권 내에서 도보 이동하는 사람들의 가시성이 미치는 곳이 5층까지이니, 그 이상으로 올라가지 않는 것이 좋다.

같은 층이나 아래나 위층의 불량 환경은 피해야 한다

상업용 건물을 임대나 분양받아서 사용할 때, 여러 임차인이나 건물주(구분상가)가 진입해 다양한 업종으로 창업하게 된다. 따라서 개원 건물의 같은 층이나 주변 층에 어떤 업종이 진입하는지 살피는 것은 무엇보다 중요하다.

저층부를 선택했는데 동일층에 유흥, 음식점이 입점해 있거나, 그 가능성이 높다면 저층이라도 불리하다. 예를 들어, 치과를 개원해 한참 임플란트 시술을 하고 있는데 노래방에서 노랫소리가 들리거나, 음식점 냄새가 난다면 진료 환경을 안정적으로 유지하기 어렵다.

또한, 피아노 학원이나 뛰어다니는 환경의 태권도장, 피트니스 센터가 위층이라면 방음 메트리스 공사를 한다 하더라도 완벽하게 소음을 차단하기 어렵다.

내부 기둥 문제

2000년 이후 건축된 상업용 All 상가 건물은 기둥이 최소화되고 내부 공간에 기둥이 들어가는 사례는 많지 않지만, 그럼에도 대형 상업·업무용 건물이나 주상복합형 상가를 개원 입지로 선택할 때, 내부 기둥이 많은 곳은 피해야 한다.

대형 건물에서 내부 기둥은 건축물의 무게 지탱을 위해서 어쩔 수 없는 선택이지만 기둥이 많으면 전체적인 병의원의 인테리어에 문제가 있을 수 있고, 기둥 주변 내부를 효율적으로 사용할 수 없다. 기둥이 많을 경우 기둥 주변 공간 배치가 어렵기에 대형 면적일수록 수십 평이 날라가는 경우도 흔하다.

상권에 따른 병의원 진입 상가의 MD 구성 사례

일반적인 상업 지역 상가의 층별 MD 구성

신도시, 택지 지역, 상업 지역의 일반적인 층별 MD 구성으로, 분양 시 제공되는 분양 팸플릿 층별 권장 업종도 다음과 같은 범위 내에서 결정된다.

시행상가 일반적인 층별 권장 MD 구성

층별	분류	구성 내용
1층	생활소비, 서비스	이동통신, 편의점, 부동산, 미용실, 화장품, 생활용품판매, 유기농식품, 반찬, 정육, 안경점
	푸드(F&B)	치킨, 피자, 국밥, 우동, 돈까스, 김밥, 기타 동남아음식점, 파스타
	델리/카페	베이커리, 커피, 디저트
	금융/약국	ATM, 약국
	비고	회전율 높고, 반복구매가 이루어지는 소매, F&B, 서비스 업
2층	금융	금융객장(1금융 80평 이상/2금융 농협 50평/2금융 신협, 새마을 40평)
	전문음식	가족형 음식점(절대면적 40평 이상)
	미용실	40평 이상의 매장 필요
	비고	고분양가로 임대가가 높아지면서 1층을 제외하고는 가장 공실율이 높은 층이다.
3층 ~5층	병원, 약국	내과, 가정의학과, 소아청소년과, 치과, 한의원, 정형외과, 마취통증의학과, 재활의학과, 이비인후과, 성형외과, 정신건강의학과, 산부인과, 약국(층약국)
	비고	상권의 규모, 인접상권과 관계, 장비,인력, 진료컨셉과 필요 면적에 따라서 진입 여부 결정
6층 ~8층	전문학원	어학원, 입시학원/대형평수-100평 이상/중심 상권
	취미/단과	음악, 미술/보습 단과/입시/운동(태권도, 합기도, 필라테스, 요가, 주짓수 등)
	비고	사이버 강의 증가로 대형화는 감소하고 세분화, 전문화되는 추세다.
9층 ~10층	문화, 대형학원, 헬스, 교회	피트니스, 교회, 입시학원
	비고	대형화 시설들이 점차적으로 규모가 줄어드는 추세다.

로컬 상권의 상가 MD

1만 7,000여 배후 세대를 가진 서울 금천구 시흥동 은행나무 상권은 은행나무 골목시장과 에벤에셀상가의 주변 상권으로 구성된다. 에벤에셀상가는 은행나무 상권의 랜드마크상가로, 생활용품 할인점인 보물마트와 병의원상가로 구성된다. 이 중 내일내과는 전문의 6명이 검진과 외래진료를 하는 곳으로 지역 내의 앵커 역할을 한다. 이 상가에는 내일내과를 포함해 7개 과목이 개원하고 있다.

일반적으로 지역 내 개원 시 랜드마크 상가이면서 앵커 역할을 하는 병의원이 있다면, 해당 상가에 직접 개원하는 방법도 있지만, 인접 상가에 컨디션 좋은 상가가 있다면 인접 상가를 노려보는 것도 충분한 경쟁력을 가질 수 있다.

시흥동 은행나무 상권은 서민 주거 지역이지만, 충분한 배후 세대와 병의원 분포 상권이 좁은 유형으로, 로컬 상권에 개원을 희망한다면 벤치마킹할 만한 상권이다.

금천구 시흥동 은행나무 상권

에벤에셀프라자 층별 MD 구성

신도시 근린상가 MD 구성

위례신도시 약 7,000여 세대가 거주하는 항아리 상권에 위치한 우성메디피아 상가의 실제 MD 구성 사례로, 일반적인 신도시 MD의 전형적인 구성 형태다. 시행상가의 MD로 가장 표준에 가까운 상가로서 신도시, 택지 지역의 상업 지역, 준주거, 근린 생활 시설 상가에 진입할 때 참고할 만한 사례다.

위례 항아리 상권 우성메디피아

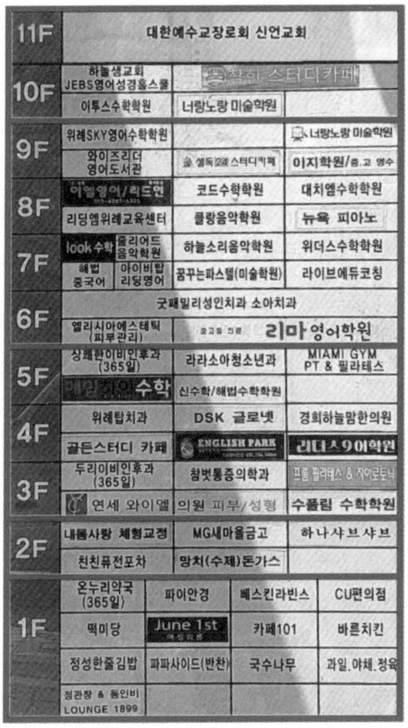

층별	항목
1층	**<생활 소매, 서비스존>** 약국, 안경점, 편의점, 떡집 카페, 치킨, 김밥집, 분식, 식품점, 홍삼
2층	**<금융, 전문음식점존>** 체형교정, 금융, 전문음식점(샤브샤브, 돈까스), 주점
3층 ~5층	**<메디컬존>** 이비인후과, 소아청소년과, 치과, 한의원, 통증의학과, 피부과 개원 중 어학원, 학원, 필라테스, 스터디카페
6층 ~9층	**<학원존>** 학원(영어, 수학), 어학원, 필라테스, 피부관리
10, 11층	**<교회 등 대형 업소 존>** 교회, 학원, 스터디카페
비고	각층별로 해당 존이 형성되지만 명확하게 업종 층별 영역이 구분되지 않고 혼재하는 게 일반적이다. 다만, 각층의 해당존을 알고 있다면 진입 시 이 부분을 감안해서 선택하면 된다.

All 상가형 병의원 층은 3~5층이 일반적이다.

송파구 헬리오시티(9,510세대) 단지 내 상가

필자가 현장 상권 조사 25년 동안 단일 재건축 단지로서 규모가 가장 컸던 가락시영아파트를 재건축한 헬리어시티 9,510세대의 단지 내 상가인 송파역 앞 근린상가 1A동 MD다.

헬리오시티

5층	영약국	드림권내과의원	헬리오아이언 소아청소년과의원	사람사랑약국	봄봄피부과의원	아이엠주니어 미술학원	Kelly's(커피)
4층	바디플랜의원	경희선한의원	송파헬리오 정형외과의원	365헬리오한의원	미소앤&치과의원	우리헬리오약국	봄날의 미소치과의원
	서울리오치과의원	연세헬리오 소아청소년과	샤인약국	라라약국	헤어아트홀	헬리오스즈키 바이올린	
3층	트리플약국	송파연세 이비인후과의원	오복치과의원	헬리오경희한의원	서울메이저치과	서울정답치과교정 치과의원	김지은피부과
	민약국	사랑약국	코코아이비인후과	송파구의사회	북위례메디프라자 분양사무실	이지원필라테스	한붓음악학원
	진아트잉글리쉬	리틀그라운드 미술교습소	으뜸플러스안경				
2층	이승필가정의학과	리오약국	헬리오메디칼약국	상상헬리오약국	송파우리들의원	더봄안과	송파샘약국
	성모사랑 이비인후과	착한맘한약국	이-나은치과의원	박준뷰티랩	크린토피아	박승철 헤어스튜디오	루밍헤어
					1호점		
	이철헤어커커	파스쿠찌	국민은행	하나은행	신한은행	천주교서울대교구 유지재단	모던필라테스
	헬리오퍼스태권도	줄리어드음악학원	하이매쓰				
1층	헬리오이화약국	행복한약국	파리바게뜨	오마뎅	공차	부부베이커리	홍루이젠
	33떡볶이	꿈의김밥	행복한줌	엘투에셋 부동산중개법인	라이프부동산	럭키존공인중개사	대승공인중개사
	헬리오의 아침부동산	으뜸공인중개사	삼성공인중개사	삼천공인중개사	가락명품 공인중개사	가락온누리 공인중개사	우리은행
	송파공인중개사	가락아이파크 공인중개사	가락탑부동산	로얄부동산	동남부동산	에이플러스부동산	영광부동산
	가락우성 공인중개사	피플라이프	대성공인중개사	한강공인중개사	헬로우공인중개사	에이스공인중개사	㈜교원
	지인공인중개사	1번지공인중개사	바른공인중개사	넘버원공인중개사	성심부동산	행운부동산	무궁화부동산
	카카오공인중개사	다인공인중개사	학사공인중개사	명성공인중개사	푸른공인중개사	중앙공인중개사	오렌지공인중개사
	알파공인중개사	조은공인중개사	원탑헬리오 공인중개사	장원공인중개사	해뜨는날 공인중개사	나라공인중개사	가락1번가 공인중개사
	우리집공인중개사	미래공인중개사	사랑부동산	T월드헬리오 시티점(SKT)	세븐일레븐	헬리오통신	케이엔텔레콤
	한우면우촌리	T프리미엄 스토어(SKT)	이마트24	어썸글라스	총각네	퀸즈	헬리오한우시티
	초록마을	유니콘마켓	슈퍼키친				

1~5층 상가 MD : 3층 이상은 압도적으로 병의원 과목에 집중되고 있다.

B1층	오땡큐	크린에이드	앤네일	모아옷수선	브라운염색전문점	헬리오헤어	네일타임
	비비라운지	머리잘하는집	클로버세탁소	나이스가이	라블리에뷰틱	커피발보아	미소야
	마마쿡	까만냄비 즉석떡볶이	엄마손김밥	선유도커피집	웰빙울엄마 꼬마김밥	죽이야기	우리동네 즉석떡볶이
	위드유	한끼김밥	커피인류	토브피자	가온공인중개사	153부동산	헬리오공인중개사
	삼성투어스	허브공인중개사	스타부동산	임마누엘부동산	소망공인중개사	사랑의부동산중개	클래스44/ 스터디룸
	박미경의 톡톡스피치	비리강호 코스메틱	하나투어스	한결공인중개사	방방공인중개사	김집사	프로부동산
	하늘공인중개사	드림부동산	금탑공인중개사	도우씨엔디 주식회사	비비드	뽐내	올리브마켓
	엔베이지	더빈스(꽃집)	켈리멀티여성의류	위례통신	텔로스	니노(Nino)	헬리오미담떡방
	판도라	다락골의정부 부대찌개	헬리오모바일	국선생			

1A동 상가 단일유형으로 상가 내 중복 개원이 심하다. 헬리오시티의 소득 수준이 높고 1만 세대에 가까운 배후 세대와 1A동 상가에 집중된 단지 내 상권 때문이기도 하다. 하지만 이보다는 굉장히 높은 분양가로 인해 다른 업종 진입이 어렵고, 임대인들이 안정된 임대료 수입을 원해 적극적인으로 병의원을 유치하고자 했기 때문이다.

상가 내 병의원이 경쟁만 치열하고 경쟁력이 높지 않다면 9,510세대 주민 상당수는 인접한 상권의 병의원으로 이동할 가능성이 있는 유형이다. 앞으로 도심의 대규모 재건축·재개발단지가 많아지면서 헬리오시티 상가의 병의원 분포와 같은 사례는 증가할 수밖에 없으므로 유사한 상가에 진입할 계획이라면 이러한 사례를 잘 살펴볼 필요가 있다.

성남 중앙시장 SR프라자

성남 중앙시장 사거리 앞에 위치한 가장 오래된 병의원 상가로서 10개의 병의원이 개원하고 있다.

성남 중앙시장 SR프라자

SR프라자 INFORMATION

11F	관리사무소 . KT기지국 . LG기지국 . SK기지국
10F	전망대 노래방 (주)대현공조/디에이치월드 쑥 뜸 1002호
9F	스카이 불한증막 사우나 (9층으로 오세요)
8F	스카이 불한증막 찜질방 24시
7F	성일침례교회(소속:기독교한국침례회) 담임목사:백남선
6F	세무법인흥인 . 마이홈리빙텔 . 스타키보청기 . zip:zoong 스터디카페
5F	연세신경통증 비만크리닉 . 연세이비인후과 21세기프라자내과 인공신장실 .태평인력
4F	연세센츠럴치과 .연세피부,비뇨기과 . 대추밭한의원
3F	연세내과 . 연세안과 . 카페 쉼 ✚에이스약국
2F	바다속게임장 Hair Shop 연세신경정신과 햇살약국 . 삼성 봄소아청소년과의원 노래바 박경아 HAIR SHOP
1F	SK텔레콤 . 아리따움(화장품) . 제일안경원 . 동성당(귀금속.다이아.보석.시계) 끌레망 . 피자스쿨 . LG텔레콤 . 연세약국 . 편의점 코리안바베큐 . SR새힘약국
B1.B2	민방위대피소 . 주차장 . 기계실

중앙시장은 성남 구도심에서 가장 오래된 상권으로서 50대 이상 장·노년층 환자가 많은 상권이다. 개원 과목도 장·노년층을 대상으로 하는 하는 과목이 많다. 인공신장실이 있는 신장내과, 안과, 비뇨기과, 한의원, 치과들이 대표적으로 이들 연령대를 대상으로 하는 과목들이다.

SR프라자를 포함한 주변 병의원 과목들도 유사한 유형을 보여주고 있어 경쟁 또한 치열한 상황이다. 장·노년층 과목의 개원을 원한다면 병의원 과목 분포와 경쟁력을 가지고 있는 과목과 유형을 배울 수 있는 상권이다.

부실한 의사 양산하는 부실한 개원

병의원은 상가 앵커스토어(상가에서 고객 유인 집객력이 큰 점포를 말하며, 유치에 따라서 상가 활성화 여부가 결정된다) 기능을 수행하는데, 유치할 경우 상가의 분양과 임대가 빨라지고, 분양가와 임대가가 유치하지 못한 상가와 비교했을 때 높기 때문에 건물주나 시행분양사는 유치에 사활을 건다. 그러다 보니 간혹 시행사는 병의원 상권이 될 수 없는 입지에 땅을 사서 상가를 선임대한 뒤, 높은 분양가에 분양하고 떠나는 사례들이 많아 개원을 준비하는 예비 원장님들은 주의해야 한다.

즉, 실질적으로 운영이 될 만한 상가를 시행하는 데 목적이 있는 것이 아니라 빠른 분양 후 떠나는 게 목표라고 보는 게 타당하다. 이런 상가 시행분양사에서는 개원을 원하지만 자기 투자금이 없고, 심지어 부채만 안고 있는 부실한 의사들을 자기자본 없이 유치하기도 한다.

여기서 업체나 당사자들 간에 어떤 이해관계가 있는지 정리해보면 다음과 같다.

시행사(신탁사) - 개원 병의원

① 계약 주체

· 상층부 전체나 일부(5개 층 이상)를 병의원으로 유치할 경우 하나의 병의원 과목 원장님이나 의료재단과 임대계약하고 타 과를 유치하는 시스템을 선택한다. 이때 타 과와 계약 시 전대 계약보다 직접 임대차 계약을 선호한다.

· 전체를 1개 과목이 이용할 목적으로 유치하는데, 주로 대형 면적이 필요한 요양병원, 정형외과들을 유치한다.

· 가장 면적이 많이 필요한 과목을 먼저 유치한 뒤 잔여분을 임대하는 방법을 사용한다.

· 최근에는 자본력 없는 의사들을 영입해 사전에 시행사에서 유명무실한 보증금, 인테리어를 100% 지원해서 개원하는 사례도 있지만 얼마 안 가 문을 닫는다. 양도·양수받을 의사가 없어서 문을 닫아놓은 사례도 있다고 한다.

② 계약 기간

· 일반적으로 5+5년 : 임차인이 우선권을 가지고 5년은 보

장하고 5년은 연장 조건이며, 임대료 인상은 3년 이후 연간 5%가 대세다.

- 보증금은 보편적으로 1년간 월 임대료의 합계지만, 이보다 현저히 낮거나 상권 입지가 받쳐주지 않는 곳은 아예 보증금이 형식적인 곳도 있다.
- 월 임대료는 주변 시세보다는 오히려 높다. 임대료가 높아야 상가 투자자의 수익률이 높아지기 때문에 분양에 유리하다.
- 병의원 임차인 유인책 : 렌트 프리 - 6개월 이상
  인테리어 지원 - 평당 100만 원 전후. 고임대료의 보전과 유인책으로 렌트 프리와 인테리어비를 지원한다.

③ 중개 : 컨설팅 업체, 부동산 중개업소

상권, 입지의 적합성보다 수수료에 따라서 움직인다.

시행사 - 상가 투자자(수분양자)

① 대상 물건 – 구분상가

- 분양 최소 면적 : 구분상가 1개 전용 면적 12~15평 전후
- 정상적인 개원을 위해서는 최소 면적으로 생각해도 구분상가 3개 이상이 필요하다.
- 분양 가격 : 면적당 분양가를 높이기 위해서 최소 전체 분양가를 낮춘다(현장 조사를 해보면 면적당 분양가는 주변 시세보다 10~20% 높은 게 일반적이다).

② 상가 투자자(수분양자) 유인책 제시

· 선임대 : 장기 선임대 계약으로 안정적인 월세 수익을 강조함

· 임대료 보장 : 6개월, 1년 - 렌트 프리 기간 동안 병의원에서 받지 못한 임대료는 일정 기간 시행사에서 선입금이나 분납으로 지급하는 조건으로 계약한다.

· 상가 투자자는 이런 관계가 안정적인 임차인과 임대료 보장에 대한 메리트가 있다고 생각한다.

상가 투자자 - 병의원 임차인

시행사(신탁사)와 맺은 병의원 임차인과의 계약은 상가 소유권이 상가 투자자에게 넘어오면 계약 기간, 조건을 승계하는 게 일반적으로, 이 기간이 지나면 시행사는 사업을 마무리하게 된다.

약국

병의원층에 대한 성공적인 임대차를 맞추게 되면 시행사(신탁사)에서 다음으로 분양이든 임대차를 맞추려고 하는 곳이 약국이다. 이때 분양가나 임대가의 조건은 상가에 진입하는 일반 업종의 약 150% 정도에 결정된다.

이 과정에서 진입한 선임대 병의원 과목의 타 과 전문의라도 약국의 높은 분양가나 임대가를 위해 처방전이 많이 나오는 진료 과목을 추가해 현혹하기도 한다.

비고 - 추가 언급

부실한 분양, 임대차 조건에서 능력을 발휘해 성공할 수도 있지만, 현실적으로 렌트 프리 기간이 끝나면 장기간 계약까지 유지되기 어려운 게 현실적이다. 주변 시세보다 높은 임대료와 운영비로 개원한 원장님들이 탁월한 의료 실력을 보여주더라도 렌트 프리 기간이 끝나면 운영이 힘들어지게 된다.

높은 분양가로 완전 분양을 위해 영입한 부실 의사들과 계약한 뒤, 약국을 높은 분양가에 계약하고 개원 전후에 파산시키는 방법을 사용하기도 해 문제를 일으키는 것이 언론에서도 종종 다루어진다.

또한, 다른 사례이긴 하지만 자금력을 갖춘 약국장이 처방전 많이 나오는 내과, 소아·청소년과, 이비인후과, 피부과 등을 유치하기 위해 인테리어 비용 지원이나 심지어 자신과 이해관계인이 분양받은 상가에 이들 과목을 파격적인 임대 조건에 유치하려고 한다. 자칫 젊은 개원의들이 이러한 이해관계에 잘못 휘말리게 될 경우, 병의원 운영 동안 약국에 끌려다닐 수도 있기 때문에 주의해야 한다.

7장
시설 규제와
인허가

규제와 인허가 사항 확인

병의원 개원을 위해서 상권, 입지 선택을 했다면 마지막 계약 단계로, 진행하기 이전에 계약 시 규제와 인허가 사항을 확인해야 한다. 만약 이런 사항을 무시하고 계약을 진행했다가는 조건을 맞추기 위한 용도변경에 시간과 추가 비용이 들어가고, 더 나아가 개원 자체가 불가능할 수도 있기에 규제와 인허가 사항을 다시 한번 확인해야 한다.

다음은 선택 입지에서 살펴봐야 할 규제와 인허가 사항이다.

입지 개요

주소지

선택 입지(주소지)를 기준으로 인허가 및 규제사항이 발생하기 때문에 선택 입지의 주소지를 다시 확인한다.

용도 지역

선택 입지(주소지)의 용도 지역을 구분하기 위해서 작성하는 데, 용도 지역에 따라서 상권 범위가 달라진다.

ex) 상권 범위 규모

일반 주거 지역 < 준주거, 근린 생활 시설 < 일반 상업 지역

건축물 현황

병의원에 필요한 편의 시설

2020년 1월 23일 건축법 시행령에 따르면, 병의원 시설은 '1종 근린 생활 시설 라 항목(의원. 치과의원, 한의원)'이나 '9. 의료시설(병원)'로 분류된다.

3. 제1종 근린생활시설
   라. 의원, 치과의원, 한의원, 침술원, 접골원(接骨院), 조산원, 안마원, 산후조리원 등 주민의 진료·치료 등을 위한 시설

9. 의료시설
   가. 병원(종합병원, 병원, 치과병원, 한방병원, 정신병원 및 요양병원을 말한다)
   나. 격리병원(전염병원, 마약진료소, 그 밖에 이와 비슷한 것을 말한다)

출처 : 건축법시행령 〈2020. 1. 23〉

특히 개인 병의원의 경우, 2020년 1월 23일 이전에는 근린 생활 시설이면 1, 2종 구분 없이 용도변경이 수월했으나, 2020년 1월 23일 이후에는 1종 근린 생활 시설(의원, 치과의원, 한의원)로 표기되어 있어야만 개원할 수 있으므로 표기 사항 변경이 되어 있어야만 한다.

만약 다른 용도로 사용하는 건물일 경우 용도변경이 필요한데, 이때 필요한 것 중 하나가 장애인과 노약자를 위한 편의 시설이다. '장애인, 노인, 임산부 등의 편의 증진 보장에 관한 법률 시행령'에 따라서 대상 시설에 설치가 요구된다.

① 대상 시설

■ 장애인 · 노인 · 임산부 등의 편의증진 보장에 관한 법률 시행령 [별표 1] <개정 2018. 1. 30.>

편의시설 설치 대상시설(제3조 관련)

1. 공원

2. 공공건물 및 공중이용시설

가. 제1종 근린생활시설

(6) 의원 · 치과의원 · 한의원 · 조산소(산후조리원을 포함한다)로서 동일한 건축물 안에서 당해 용도로 쓰이는 바닥면적의 합계가 500제곱미터 이상인 시설

바. 의료시설

(1) 병원(종합병원 · 병원 · 치과병원 · 한방병원 · 정신병원 및 요양병원을 말한다. 이하 같다)

(2) 격리병원(전염병원 · 마약진료소 그 밖에 이와 비슷한 것을 말한다. 이하 같다)

(3) 삭제 <2012.8.22>

출처 : 장애인, 노인, 임산부 등의 편의 증진 보장에 관한 법률시행령 〈개정 2018. 1. 30〉

의원. 의원(치과, 한의원 포함)의 경우, 동일한 건축물 안에서 당해 용도로 쓰이는 바닥면적 합계가 500m^2 이상일 경우, 편

의 시설을 반드시 설치해야 한다.

② 편의 시설

편의 시설의 종류에 따른 설치 기준은 다음과 같다.

대상 시설 편의 시설의 종류 및 설치 기준

■ 장애인·노인·임산부 등의 편의증진 보장에 관한 법률 시행령 [별표 2] <개정 2019. 7. 2.>

대상시설별 편의시설의 종류 및 설치기준(제4조관련)

나. 대상시설별로 설치하여야 하는 편의시설의 종류

편의시설 / 대상시설		매개시설			내부시설			위생시설					안내시설			그 밖의 시설				
		주출입구접근로	장애인전용주차구역	주출입구높이차이제거	출입구(문)	복도	계단또는승강기	화장실			욕실	샤워실·탈의실	점자블록	유도및안내설비	경보및피난설비	객실·침실	관람석·열람석	접수대·작업대	매표소·판매기·음료대	임산부등을위한휴게시설
								대변기	소변기	세면대										
제1종 근린	의원·치과의원·한의원·조산소(산후조리원)	의무	의무	의무	의무	의무	의무	의무	권장	권장										
의료시설	병원·격리병원	의무	의무	의무	의무	의무	의무	의무	의무	의무	권장	권장	의무	의무	의무			권장	권장	

〈2019. 7. 2 개정〉

개인 의원의 경우, 용도변경 시 가장 문제가 되는 매개 시설인 장애인 이동 시설 설치 및 확보와 장애인 화장실 설치에 추가적인 비용이 들기에 사전에 건물주나 관리사무소와 가능 여부를 검토해야 한다.

전기 용량

개인 의원급의 경우, 고가 의료장비 도입이 늘어나면서 의료장비와 냉·난방기의 전기 용량이 증가하고 있는 추세다.

계약 시 예상 전기용량을 계산해 건물의 전기용량을 확인하고, 부족 시 승압 가능 여부와 예산을 책정하도록 한다.

소방 시설

의료 시설에 대한 소방 시설은 빈번한 화재사건으로 인해 관련 법률 시행령이 꾸준히 강화되는 추세다. 해당 건물에 필요한 소방 시설을 확인한 뒤, 설치 가능 유무를 확인해야 한다.

스프링클러

잦은 화재사건으로 병의원을 포함한 의료 시설에 대한 소방 시설이 강화되는 추세이기에 대표적인 필요 시설이 스프링클러다.

과거의 많은 건물들에 스프링클러가 미설치되어 있기에 의료 시설의 경우 스프링클러 설치가 필요하다. 또한, 의원급 중 단기 입원실이나 당일 입원 퇴원하는 낮 병동 입원실을 운영하는 곳도 간이 스프링클러를 설치해야 한다.

다음은 '화재 예방, 소방 시설 설치·유지 및 안전관리에 관한 법률 시행령'에 따른 스프링클러와 간이 스프링클러를 설치해야 하는 대상이다.

■ 화재예방, 소방시설 설치 · 유지 및 안전관리에 관한 법률 시행령 [별표 5] <개정 2021. 8. 24.>

특정소방대상물의 관계인이 특정소방대상물의 규모·용도 및 수용인원 등을 고려하여 갖추어야 하는 소방시설의 종류

(제15조 관련)

라. 스프링클러설비를 설치하여야 하는 특정소방대상물(위험물 저장 및 처리 시설 중 가스시설 또는 지하구는 제외한다)은 다음의 어느 하나와 같다.

가) 의료시설 중 정신의료기관

나) 의료시설 중 종합병원, 병원, 치과병원, 한방병원 및 요양병원(정신병원은 제외한다)

다) 노유자시설

라) 숙박이 가능한 수련시설

마. 간이스프링클러설비를 설치하여야 하는 특정소방대상물은 다음의 어느 하나와 같다.

1) 근린생활시설 중 다음의 어느 하나에 해당하는 것

가) 근린생활시설로 사용하는 부분의 바닥면적 합계가 1,000㎡ 이상인 것은 모든 층

나) 의원, 치과의원 및 한의원으로서 입원실이 있는 시설

2) 교육연구시설 내에 합숙소로서 연면적 100㎡ 이상인 것

3) 의료시설 중 다음의 어느 하나에 해당하는 시설

가) 종합병원, 병원, 치과병원, 한방병원 및 요양병원(정신병원과 의료재활시설은 제외한다)으로 사용되는 바닥면적의 합계가 600㎡ 미만인 시설

나) 정신의료기관 또는 의료재활시설로 사용되는 바닥면적의 합계가 300㎡ 이상 600㎡ 미만인 시설

다) 정신의료기관 또는 의료재활시설로 사용되는 바닥면적의 합계가 300㎡ 미만이고, 창살(철재·플라스틱 또는 목재 등으로 사람의 탈출 등을 막기 위하여 설치한 것을 말하며, 화재 시 자동으로 열리는 구조로 되어 있는 창살은 제외한다)이 설치된 시설

간판 문제

개원 후보지를 선택하면서 가장 중요한 검토 사항 중 하나가 간판 문제지만, 계약을 하면 건물의 원하는 곳에 모두 걸 수 있을 것으로 착각해 확인에 소홀하기 쉽다.

그러나 대부분의 도시에서 간판 부착 가능 층수, 간판 개수, 가로세로 길이와 폭에 대해 도시조례로써 규제하고 있다. 규제하지 않는 도시도 건축물의 안전과 미적 요소를 위해서 규격을 권장하고, 상가들도 대형화되면서 건물 간판 계획을 엄격히 관리하는 추세다. 따라서 계약 이전에 간판의 위치와 규격에 대한 내용을 임대인 및 관리사무소와 협의해야 한다.

수도 시설과 하수관로

의원급 병의원에서도 과목에 따라서 내부에 간단한 수도 시설과 하수관로가 필요한 경우가 있다. 따라서 수도 시설의 여부와 하수관로 설치에 문제가 없는지 확인이 필요하다.

가스 시설

상권이 형성되지 않은 입지에 의료 시설인 병원급을 개원하는 사례도 늘고 있어 도시가스 관로와 멀다면 설치에 많은 비용이 들어갈 수도 있다. 물론, 의원급 병의원이 들어가는 대부분 도시 지역 상권은 LNG 도시가스가 들어가기 때문에 상권이 형성된 지역이라면 문제가 되지 않지만, 그 외의 경우라면 도시가스 유무는 확인해야 한다.

냉·난방기

도심의 많은 대형 상업용 건물은 중앙공급식 빈도가 높고,

일반 상가의 경우, 개별 냉·난방 사용이 많다. 다만, 중앙공급식 냉·난방이라 하더라도 보조적으로 냉·난방을 해야 하는 경우도 있기 때문에 사전에 인테리어 업체와 상담해두면 도움이 된다.

인테리어 업체 선정

선택 입지를 계약한 이후 입찰에 의해서 인테리어 업체를 선정하는 경우와 지인을 통해서 소개를 받는 경우가 있다.

병의원 인테리어 특성상 용도변경, 장애인, 노약자 편의 시설, 소방 관련과 간판, 전기 등 확인해야 할 사항이 많다.

인테리어 업체 선정은 일반적으로 입찰을 선호하지만, 병의원 인테리어를 전문으로 하는 소수의 업체만 참여하게 된다. 그렇다면 입찰이 아니라더라도 가장 최근에 개원한 주변 선·후배 원장님들에게 믿을 수 있는 업체를 추천받는 것이 유리할 수 있다. 이 경우, 계약 검토 단계부터 용도변경. 인허가에 대한 자문을 들을 수 있어 입찰보다 계약 시 착오를 줄이고, 비용을 절감할 수 있다.

(개정판)

병의원, 치과, 한의원 개원 상권 분석

제1판 1쇄 2022년 5월 17일
제2판 1쇄 2023년 6월 12일
제2판 2쇄 2024년 5월 15일

지은이 박균우
펴낸이 한성주
펴낸곳 ㈜두드림미디어
책임편집 최윤경, 배성분
디자인 디자인 뜰채 apexmino@hanmail.net

㈜두드림미디어
등 록 2015년 3월 25일(제2022-000009호)
주 소 서울시 강서구 공항대로 219, 620호, 621호
전 화 02)333-3577
팩 스 02)6455-3477
이메일 dodreamedia@naver.com(원고 투고 및 출판 관련 문의)
카 페 https://cafe.naver.com/dodreamedia

ISBN 979-11-982681-3-6 (03320)

책 내용에 관한 궁금증은 표지 앞날개에 있는 저자의 이메일이나
저자의 각종 SNS 연락처로 문의해주시길 바랍니다.